国家社会科学基金重大项目（20&ZD052）之"国外关于当代中国发展道路的政治经济学理论创新与历史经验认识的研究"阶段成果

数字背景下的
中国特色社会主义
分享经济

王　珍◇著

山西出版传媒集团
SHANXI PUBLISHING MEDIA GROUP
山西经济出版社

图书在版编目（CIP）数据

数字背景下的中国特色社会主义分享经济 / 王珍著.
-- 太原：山西经济出版社，2025.1.
ISBN 978-7-5577-1325-6

Ⅰ. F120.3

中国国家版本馆 CIP 数据核字第 2024NV7615 号

数字背景下的中国特色社会主义分享经济
SHUZI BEIJING XIA DE ZHONGGUO TESE SHEHUIZHUYI FENXIANG JINGJI

著　者：王　珍
选题策划：李慧平
责任编辑：马　睿
装帧设计：华胜文化

出　版　者：山西出版传媒集团·山西经济出版社
地　　　址：太原市建设南路 21 号
邮　　　编：030012
电　　　话：0351-4922133（市场部）
　　　　　　0351-4922085（总编室）
E - mail：scb@sxjjcb.com（市场部）
　　　　　　zbs@sxjjcb.com（总编室）

经　销　者：山西出版传媒集团·山西经济出版社
承　印　者：山西科林印刷有限公司

开　　　本：787mm×1092mm　1/16
印　　　张：8.25
字　　　数：107 千字
版　　　次：2025 年 1 月　第 1 版
印　　　次：2025 年 1 月　第 1 次印刷
书　　　号：ISBN 978-7-5577-1325-6
定　　　价：58.00 元

目 录

第二编　协调管理权分享维度

第三编　产权和收入分配维度

导 言

当前,数字经济正在成为新的发展动力。2018年4月20日至21日,习近平总书记在全国网络安全和信息化工作会议上发表重要讲话,提出"要发展数字经济,加快推动数字产业化,依靠信息技术创新驱动,不断催生新产业新业态新模式,用新动能推动新发展。要推动产业数字化,利用互联网新技术新应用对传统产业进行全方位、全角度、全链条的改造,提高全要素生产率,释放数字对经济发展的放大、叠加、倍增作用。要推动互联网、大数据、人工智能和实体经济深度融合,加快制造业、农业、服务业数字化、网络化、智能化"①。建立在互联网基础上的分享经济,获得了前所未有的发展。然而,"分享经济"概念本身也经历了一个不断变化的过程。最早的"分享经济"概念,并不是基于信息技术,而是资本主义经济学家为解决滞胀问题而提出的一种和分配有关的理论。李炳炎从社会主义市场经济角度出发,也提出了有关分配的社会主义分享经济理论。

最近基于信息技术的"分享经济"概念,看似和之前的分享经济概念无关,实际上却存在内在联系。如果忽略这种内在联系,首先会陷入技术决定论的陷阱;其次,无法透过技术观察到资本剥削的本质;再次,无法将先进技术同社会主义制度有机地结合在一起。探索这些内在联系,第一,有助于正确认识"分享"概念的内涵。第二,由于互联网、信息技术毕竟只是一种工具,本书通过探讨分享概念的内在联系来发掘利用这些工具的方法。只有合理地利用新技术,发扬它对社会主义建设的促进作用,发现并抑制其不良影响,才能真正使数字经济同中国的社会主义建设结合起来。第三,通过研究国外左翼学者的相关理论,丰富社会主义分享经济理论。第四,通过综合信息、管理和产权方面的分享理论,完善李炳炎倡导的广义的社会主义分享经济理论,从而助力公有制经济和非公有制经济的协同发展,促进社会主义市场经济的协调运行,树立创新、协调、绿色、开放、共享的新发展理念。

第一章　分享经济概念的变化

一、狭义的分享经济

麻省理工学院教授威茨曼于1984年出版了《分享经济》②一书,正式提出他的分享经济理论。他认为实行固定工资制会产生滞胀,并主张工人工资应根据企业利润高低进行浮动。实际上,在1981年李炳炎就在他的硕士学位论文《社会主义成本范畴新探》中提出"工资不进成本,用净收入分成制取代工资制"③的新成本理论,这就是中国特色社会主义分享经济思想。

这一时期的分享经济理论主要是企业内部针对利润的分享。随着实践和理论的发展,出现了突破企业界限的分享经济理论。近期,在信息技术和互联网技术发展背景之下,分享经济理论又突破了生产者范围,将消费者纳入分享主体范围,在循环经济基础上,发展为不同个人或组织对自然资源、在线资源、资金资源、不动产资源、人力资源、信息等产品和服务的分享④。当今,这种基于信息技术的分享经济,通过共享单车、打车软件等形式,已经深入人民群众的日常生活之中,摩拜单车等众多企业也因此大放异彩。以至于现在理论界和大众一提起"分享经济",已经不是局限于威茨曼和李炳炎两位教授提出的经济学模型和理论,我国发布的《分享经济发展指南(征求意见稿)》中将分享经济的基本内涵表述为"分享经济主要是指利用网络信息技术,通过互联网平台将分散资源进行优化配置,提高利用效率的新型经济形态"⑤。虽然,当前大众所定义的分享经济和最初的定义差异很大,但是其中也有共同之处。《分享经济发展指南(征求意见稿)》中定义的分享经济,可以看成是一种狭义的分享经济定义。

二、广义分享经济的三个维度

为了解释广义的分享经济,有必要进一步说明"中国特色社会主义分享经济理论"。李炳炎教授于1981年在其硕士学位论文《社会主义成本范畴新探》[⑥]中率先提出"中国特色社会主义分享经济"的思想,在1987年又出版了我国首部分享经济理论专著《新成本论——一种新的社会主义经济理论及其实践形式》[⑦],之后又出版了《社本论》[⑧]建立了一套新的经济范畴体系。新成本理论的基本观点可用如下的基本公式表示:$W=c+n, n=n^1+n^2+n^3$(公式中,W代表社会主义商品价值,c代表社会主义成本,n代表净收入,n^1代表国家收入,n^2代表企业收入,n^3代表个人收入)。《社本论》认为"社本"就是社会主义经济中的资金。这一新的公式体现了社会主义经济的共享观念。首先,与资本主义价值构成公式$W=(c+v+m)$不同,新成本论公式体现社会主义生产不是单纯追求剩余价值,而是全社会共享活劳动创造的成果。其次,与资本主义价值构成公式中的可变资本作为成本不同,新成本论公式中将个人收入同国家收入和企业收入并列,体现了社会主义生产目的是为了满足人民群众日益增长的需求。再次,新成本论公式中体现了政府、企业和个人三者协调发展的理念。

李炳炎教授在2017年进一步将分享的概念延伸为共享概念[⑨],认为广义的"共享"是指政府、企业、社会组织和个人等多方共同参与、共同分担的一种经济模式或经济形态。这就是说,将原来由一方独占的事物,和其他主体分享,从而使多方主体收益。

广义的社会主义分享制度,有三个维度。

　　第一个维度,是供求信息分享维度。

　　从供求信息层次来看,劳动者在经济中承担生产者和消费者双重角色。在消费者和企业之间、经济活动中买卖双方之间,虽然市场在资源配置中起决定性作用,但是,由于价格作为交换价值,只能间接反映消费者对使用价值的期望,因此只能间接地、扭曲地传递供求信息。目前的科技发展,使得数字技术得到突飞猛进的大发展,可以利用大数据作为手段,使企业和政府更好地了解消费者真实的使用价值信息。同时,市场经济存在天然的垄断倾向,有市场失灵的弊端。

　　第二个维度,是协调管理权分享维度。

　　从协调管理权分享的层次来看,在社会主义市场经济中,政府和企业之间,必须由国家和政府对市场和企业传递必要的规范性和导向性信息,进行规范和引导;同时,政府和国家坚持社会主义发展方向,必然会在宏观总量、区域协调均衡发展和远期发展规划方面,做出长期的远景规划,在社会保障、生态保护方面,考量整体的利益,因此,国家和企业之间必须建立相对顺畅的信息传递通道。数字技术的发展,使得国家可以通过大数据等手段,了解社会和企业的情况。我国协商民主、党内民主集中制,是非常有效的信息传递途径,同西方左翼学者设想的 "通过谈判协调进行的参与式规划"(Participatory Planning through Negotiated Coordination)模式,⑩有相似之处。这种模式主张消费者通过协商方式,直接提出使用价值的需求,协调者并不是传统计划经济模式中的官僚机构,而是协商协调中心(Negotiated coordination bodies),利益相关者在各级协商协调中心通过直接民主或代议制度,就生产相关的环境、资源等问题进行协商,制定整体的生产计划,再将计划付诸生产。在企业内部,通过协商让劳动者参与到企业的管理过程中来。我国公有制企业有"鞍钢宪法"的传统经验,国外经济理论中也有德国共同决定制、劳动管理型企业等劳动者参与企业管理的理论和实践。在我国,还有企业内部党组织、工会组织等信息沟通渠道。劳动者和企业双方可以借助多种协商渠道互通信息。企业由此了解劳动者的诉求,职工也可以了解企业经营状况,并提出建议,化解劳资矛盾,提高生产效率。

第三个维度,是产权和收入分配维度。

产权和收入分配维度同样是由两个层次构成的。产权维度指的是我国公有制为主体多种经济成分共同发展的基本经济制度,这一维度是社会主义分享经济的基础,也是关键。首先,社会主义制度保障社会经济发展方向;其次,中国特色社会主义市场经济与宏观调节密切结合,不只在经济领域由国家宏观规范,在社会保障、扶贫和生态保护等社会经济领域,也都需要国家的高瞻远瞩,来实现经济社会的全面均衡发展;再次,从我国现阶段的生产力水平来看,从我国将长期处于社会主义初级阶段的社会经济客观情况来看,也需要多种经济成分的健康发展,需要市场来承担资源分配中决定性作用。

收入分配的分享,指的是实现共同富裕。狭义的分享经济思想,是与利益独占思想相对立的,指各利益集团共享经济利益的一种经济思想。当今,随着科学技术的进步,尤其是数字技术得到突飞猛进的发展,数字资源作为一种生产要素,与资本和劳动相提并论,这给分配领域带来了新的理论和实践课题。员工持股已经成为较为成熟的制度,技术和数据同样可以转化为股份。从我国的实际情况来看,本身处于发展中国家的地位,却在科技领域遭遇到国外"卡脖子"式的科技封锁。在这种情况下,国家建立"新举国体制"发展基础性自主创新科学技术。这些国家投资产出的科技创新,具有国有资产的性质。同时,数据资源本身也具有"准公共产品"的性质。因此,作为国有资产的技术创新,可以作为股份,入股民营企业,参与企业的利润分配。

第一编

供求信息分享维度

第二章 数字信息技术与社会生产

一、西方左翼学者研究数字资本主义

美国的丹·席勒[11]早在1999年就提出了"数字资本主义"的概念。他认为,当信息技术和网络技术采取史无前例的方式,以前所未有的规模,融合到资本主义经济、社会和文化之中时,它们就成为资本主义发展不可或缺的工具甚至动力。

数字资本主义加剧了对无偿劳动的剥削,加剧了人的异化程度。数字资本主义促进了资本对于劳动的"整体吸纳"。通过进一步扩大劳动力再生产过程,对无偿劳动的剥削,赚取利润,以缓解利润率下降的趋势。福克斯指出,资本化的数字技术,利用互联网平台实施新的剥削。[12]齐泽克认为,数字资本主义的治理形式,吸纳的数字劳工,其人数需要以亿为计量单位,并对他们收取租金。[13]

数字资本主义加剧了人的异化程度。在数字资本主义条件下,不但劳动力成为商品,每个人的个性偏好也成为商品。鲁伯夫认为,在数据产品的生成过程中,人类经历的各种活动,方方面面,都异化成为一种原材料,异化的目标是生成行为数据。[14]

数字时代有助于在实体经济中,实现更多资本主义剩余价值生产中的超额剩余价值。以往运输技术的突飞猛进,使得交通更加便利,运输时间和成本减少,因此,为降低生产成本,资本主义的生产链可以延伸到世界各地,便于资本生产超额剩余价值。数字技术也是如此。很多互联网企业可以将自己的服务器放置在海外,国家很难对于这种情况利用传统的国内调节方式监管或者调控,有助于互联网企业获取超额剩余价值。

毕竟,数字技术只是一种工具,既可以和资本主义结合,也可以和社会主义结合。在资本主义体制下,它之所以能够带来超额利润,是由于它降低了生产成本。数字技术降低成本的方式,可以从两个方面来考虑。一方面,数字技术可以科学规划生产流程;另一方面,数字技术可以探知消费者真实甚至潜在的使用价值需求。这两方面,都是数字技术的客观特性,和所有制无关。社会主义完全可以利用它的这两种特性,使其成为追求共同富裕的一种工具。

二、商品价值的实现

商品是用来交换的劳动产品,但是从整个社会生产—分配—交换—消费的循环角度来看,最终当整个社会的有效需求消化了生产的结果,整个社会总产品的价值最终得到实现,社会生产的循环才能继续运转。李炳炎认为,社会主义生产目的应落实到需要价值上。但是,"商品首先是……'生活上必需的、有用的或快意的某种东西',是人类需要的对象,最广义的生活资料。"⑮对使用价值的追求是人类生产劳动的最初动力。随着技术和社会发展,出现了劳动分工,进而出现了交换。而使用价值同时又是交换价值的物质承担者⑯。商品是用来交换的劳动产品。当产生货币之后,价格代表了商品的交换价值。商品的使用价值和其蕴含的价值是对立统一的,一方面商品同时蕴含着使用价值和价值,它是人类劳动生产的,其中蕴含无差别的人类劳动,因此具有价值,而且商品具有使用价值可以用于交换;另一方面,商品的生产者占有它的价值,却并不想使用它的使用价值,而想获得它使用价值的消费者却不占有商品。因此,商品对于生产者和消费者来说,是分离的,是不可同时占有的。要解决使用价值和价值的矛盾,就必须进行交换。一方面,只有当全部商品按必要的比例进行生产,它们才能卖出去。另一方面,使用价值的具体形式在一定程度上影响着商品交换是否成功。

但是,形成使用价值的是具体劳动,"不同的使用价值,按照它们的自然特征,具有不同的尺度"。"对于那些不能卖出,因而也不能买进的商品监护人,并不是什么特别的安慰……除了真正的贸易外,有可能在商品生产者和商品消费者之间的最后交换之前造成许多虚假的交易"。[17]在市场经济中,只有完成交换,才能实现商品的价值。

如果商品不符合别人对使用价值的期待,商品就卖不出去,生产者就不能实现其价值。从整个社会生产—分配—交换—消费的循环角度来看,最终当整个社会的有效需求,消化了生产的结果,整个社会总产品的价值最终得到实现,社会生产的资本循环才能继续运转。

如何获取消费者对于使用价值的期待呢?马克思发现了商品的价值规律。就是说,商品的价值由生产商品的社会必要劳动时间决定。商品交换以价值为基础,遵循等价交换的原则。价格是价值的货币表现。价值规律在市场上的表现形式是价格根据市场供求,围绕价值上下波动。在这里,"供求"反映了买方对于使用价值的期待和要求。需求量大于供给量的商品,价格高于价值,生产者可以在市场中获得更多的剩余价值。而价格由此成为需求量在市场中的一个显示器。从生产者角度看,某个商品的价格高,意味着需求量大,利润多。那么,生产者就更趋向于生产那种商品。

有文献提出[18],计算机和数字技术进一步推动了货币的"幽灵化"。马克思提出"金国币在流通中升华为它自身的象征,最初采取磨损的金铸币的形式,而后采取金属辅币的形式,最后采取无价值的记号、纸片、单纯的价值符号的形式"⑩。这就是说,纸币代替原本的金银,执行货币的职能。纸币标注的价格在市场上可以间接地反映商品的供求,金银作为货币就"幽灵化"了。当商品经济进一步发展以后,出现了信用机制。货币幽灵化的一个必然结果就是信用机制的普遍化。信用机制无须货币支付职能在现在时刻的直接实现,就可以依赖对于未来支付活动的确定性来最终实现商品流通。由此,支持买方需求能力的,不只是现期的支付能力,还包括买方在未来的支付能力。有学者认为小数据时代的信用可以被视为一种人格的货币化,就是从买方愿意为哪些商品贷款,看出买方需求哪些商品和服务。⑳但是,这本质上也是一种对具体使用价值需求的间接反映,只能说明购买意愿更加强烈。由于无法获得一个人更为完整的需求要求描述,或者无法实现对庞大数据的分析和处理,因此财产抵押等基于货币体系的其他形式就是评价一个人是否有信用的唯一标准。夏莹认为"大数据时代云计算产生的非线性结果所带来的是对人格货币化的否弃,当对物的使用的意义再一次优先于人对物的占有的时代来临之后,网络系统中的信用机制将成为衡量人们有效使用资源的一种标准,它作为物的流通的一种新的中介方式将可能彻底失去其被抽象为货币化中介的可能。资本逻辑因此有了自我颠覆的可能性"㉑。这种观点,一方面肯定了大数据能更好地描述消费者的需求,另一方面,忽视了资本的本质并不是充当"物的流通的一种新的中介",而是增殖,最起码是商品价值在流通中得到实现。对于消费者具体使用价值的进一步描绘可以大大促进交易的成功,大大降低摩擦成本,更有利于商品价值在流通中得到实现。

信息化时代,对于商品和服务的提供者来说,精确的用户行为分析,对于建立有效的用户描绘至关重要,最终可以极大地缓解信息不对称带来的问题。电子商务的大量涌现不仅带动了经济的发展,更加改变了消费者生活的消费习惯。很多的企业也都开始通过电子商务平台进行产品的销售,这样不仅可以增大客户群体,而且方便快捷。然而,在这种大趋势下,电子商务平台很多,每一个平台上发布的产品也非常多,消费者面对琳琅满目的商品,根本不知道该如何识别、区分和选择。如果某家电商企业稳定持续运营了四五年,那么这四五年的时间内,平台就可以累积大量客户,并且存储大量客户消费记录甚至浏览记录。如何将这些数据充分地利用起来,挖掘客户的购买行为和兴趣偏好,进而实现对客户的精准营销成为目前需要研究的主要方向。为了解决这一问题,数字技术可以提供精准营销管理系统的解决方案,将不同平台内的日常营销数据进行集中处理,形成大数据中心,在此基础上对客户的日常行为、购买能力以及兴趣爱好进行分析,对每一个客户建立用户画像,这样就可以将商品与用户画像进行匹配。如果匹配成功,则将该产品推送给客户,如果匹配不成功,则不推送。通过这种方式,可以实现商品的精准营销。通过数字系统的应用,不仅能够精准地锁定客户,而且实现了用户画像的构建,能够精准地向客户推荐感兴趣的产品,这对于电商和平台企业的发展而言具有非常重要的意义。

三、资源配置中的上行信息与下行信息

在这里,我们要特别指出,商品供给和需求信息的分享对于资源配置有着至关重要的意义。我们知道,社会主义市场经济要将市场作为资源配置的手段,而当今分享经济所依赖大数据和互联网+技术,正是传递供求信息的一种快捷途径,是优化分散资源,进行合理配置的有效手段。

在此要借用通信领域的上行信息和下行信息的概念,这是对数据传输方向的一种描述。在通信中,存在两种角色,即控制中心和终端。上行通常指将数据从终端或移动设备传输到基站或控制中心,例如用

户向基站发送短信、打电话或者上传文件等。而下行则是将数据从基站或控制中心传输到终端或移动设备的数据传输方向,例如基站向用户推送信息或者下载数据。

在经济生活中,在资源配置过程中,存在三种角色,第一种角色是计划者(或者说调控者),第二种角色是商品或服务的提供者,第三种角色是商品或服务的使用者和生产活动执行者。在这里,虽然调控者和商品服务提供者也是商品或服务的使用者,但生产活动执行者规模最为广大,代表广大的劳动者。社会化的大生产中需要两种重要信息在这三者之间的相向流动。第一种,其信息的流向是从商品使用者或者生产执行者向商品或服务的提供者流动,或者商品或服务的提供者向调控者流动,我们称之为上行信息;第二种,其信息的流向是从调控者向对货物或服务的提供者流动,以及从商品或服务的提供者向生产执行者提出的要求,我们称之为下行信息(图1)。

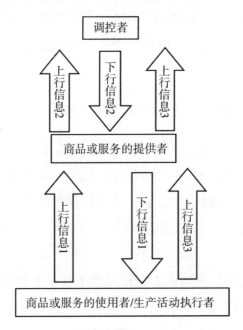

图1

调控者、商品或服务的提供者和商品或服务的使用者及生产活动执行者,这三种角色,在不同的经济制度和经济体制当中,代表着不同的意义。在资本主义自由放任经济模式中,调控者是完全缺失的,商品或服务的提供者就是厂商,而商品或服务的使用者及生产活动执行者就是劳动者。在传统计划经济模式中,调控者角色完全由政府承担,商品或服务的提供者就是公有制下的生产单位,商品或服务的使用者及生产活动执行者就是普通的公民和劳动者。在中国特色社会主义市场经济体制中,调控者的角色代表着国家综合性的宏观调控、优惠或扶贫政策和远景规划,商品或服务的提供者指的是在我国公有制为主体、多种所有制经济共同发展的社会主义市场经济体制这一基本经济制度下,从事经济活动的实体。

总的来说,上行信息1包含商品或服务的使用者需要何种货物或服务的信息,是包含使用价值的信息,上行信息2是上行信息1的延续,表示调控者收到的包含使用价值的信息。与上行信息1不同,上行信息3是指生产场所中,生产活动的执行者对生产过程做出的建议和反馈。下行信息1主要是生产活动的组织者下达给生产活动执行者如何组织生产的信息。下行信息2则是调控者综合上行信息1、上行信息2,同时考虑到长远规划,而对于商品或服务的提供者发出的调控信息(图1)。

第三章 资本主义的数字经济和分享经济

一、数字技术不能根治资本主义

在对数字经济的分析中，国外左翼学者提出"数字资本主义"概念，对数字资本主义的弊端进行了批判。下面，可以从上行信息和下行信息的角度，理解资本主义制度如何利用数字技术进行剥削。

1.资本主义的数字经济利用上行信息的垄断

第一，亚马逊、谷歌和脸书等资本主义数字经济，确实可以收集海量的用户偏好等"行为数据"，从而借助数字技术，分析出用户真实的"上行信息"需求，不断优化平台服务，提升用户体验，进而锁定和吸引更多用户。但是，由于资本主义数字经济的私有制本质，数字经济生产资料为资本所占有。在资本牟利本质的驱动之下，数据的所有者不可能无偿分享这些"资源"。数据资源被商品化，成为可交易的商品。本应共享的数字网络空间，蜕变成为一个偌大"数据采掘厂"[22]。这样一来，只是使得单个拥有数据垄断能力的资本，获得竞争优势，能够攫取大量超额剩余价值，并不能使由消费者传导到厂商的上行信息1顺利转化为由厂商传递给调控者的上行信息2。因此，资本主义厂商对上行信息的挖掘和垄断没有改变资本主义制度下，生产在整个社会层面上的无序状态,不能缓解资本主义制度的基本矛盾,无法最终将资本主义制度从必然出现危机的循环周期拯救出来,无法阻挡资本主义制度必然走向灭亡的最终结局。

同时,大的资本垄断上行信息之后,会利用推送便利,进行"大数据杀熟",不仅侵害了消费者利益,还进一步扭曲了上行信息。习近平总书记强调,"要规范数字经济发展, 坚持促进发展和监管规范两手抓、两手都要硬,在发展中规范、在规范中发展。要健全市场准入制度、公平竞争审查制度、公平竞争监管制度,建立全方位、多层次、立体化监管体系,实现事前事中事后全链条全领域监管。要纠正和规范发展过程中损害群众利益、妨碍公平竞争的行为和做法,防止平台垄断和资本无序扩张,依法查处垄断和不正当竞争行为"[23]。2019 年8 月,国务院办公厅印发了《关于促进平台经济规范健康发展的指导意见》;2020 年1 月,国家市场监督管理总局(以下简称"国市监局")发布了《〈中华人民共和国反垄断法〉修正草案(公开征求意见稿)》,开始增设互联网经营者市场支配地位认定依据的相关规定;11 月,国市监局发布了《关于平台经济领域的反垄断指南(征求意见稿)》,明确指出该指南是为预防和制止平台经济领域的垄断,加强和改进互联网平台经济领域反垄断监管,维护消费者和社会公共利益,保护市场公平竞争,促进平台经济持续健康发展而起草的。2021 年3 月在第十三届全国人民代表大会第四次会议上,《政府工作报告》也明确要求强化反垄断和防止资本无序扩张,坚决维护公平竞争市场环境。4 月10 日,国市监局在《国家市场监督管理总局行政处罚决定书》一文中指出,阿里巴巴集团滥用市场支配地位,侵害平台内经营者的合法权益,损害消费者利益,阻碍平台经济的创新发展,并对阿里巴巴集团处以其2019 年度中国境内销售额4%的罚款,计182.28亿元[24]。

第二,作为信息中介的数字平台,通过无序、低价竞争来扭曲市场价格,挤压中小商家的生存空间,妨碍供求信息顺利传递。

第三,资本主义数字经济在挖掘"上行信息"时,剥削了信息的提供者。在平台经济发展中,人们通过内容发布、网页创建、点赞、转发、评分和评论等方式,进行信息分享、知识交流和人际交往的同时,形成了数字用户生成内容(User-Generated Content)[25],在满足需要的同时,形成的海量数据,真实地反映了其内在偏好、消费兴趣和行为模式。但是,资本获得这些内容,通常是通过一些"免费的"服务来套取的,而每一个网页链接的背后都凝结着网民的免费劳动。正如前面所论述过的,在传统资本主义制度中,无偿的家务劳动虽然也凝结了人类的无差别劳动,但是却是没有工资报酬的。马克思主义的女性主义学者凯莉·杰瑞特(Kylie Jarrett)提出数字家务(digital housework)这一概念[26],指出了未付报酬的(unpaid)在线劳动和家务、再生产劳动之间存在相似之处。第一,两者都是不计薪酬的劳动;第二,都同时产生两种使用价值,其中只有一种是商品本身(家务劳动产出的商品是雇佣劳动,脸书上产出的商品是数据),第二种使用价值是由此产生的影响和社会关系。[27]然而,这些在线劳动所产出的数据,却能给数字资本创造利润。

第四,资本主义数字经济在挖掘"上行信息"的同时,掌握了大量的个人信息,威胁着个人信息的网络安全。在使用互联网时,通常会签署隐私协议,授权身份证号、手机号、电子邮箱、通讯或住宅地址等信息。平台运营中用户私人数据频繁泄露,一些平台运营商甚至将这些数据作为商品出售给其他商家,从中获取暴利,严重侵犯消费者用户的隐私权。2021年,平台数据泄露在所有数据安全事件类型中占比80%,其中以获利为目的的数据泄露事件比例最高,达80%。[28]数据集中带来的不仅仅是大数据杀熟、精准广告投放等行为对消费者权益的损害,还带来金融账户安全、"深度伪装"等社会隐忧,在涉及数据产权界定、个人信息保护和数据安全等方面没有具有可操作性的实施细则,影响社会安全与稳定。例如,金融账户主要依赖生物特征码、用户密码和硬件等多种手段进行加密,生物特征码加密手段日渐普及,当平台寡头收集了大量的生物特征码,并在密码技术、硬件等方面实现重大突破时就可能对公民财产安全造成巨大威胁,因缺少数据要素配置的基础性法律法规,当收集的用户数据被滥用时,网络上就可能出现成千上万个伪装成此用户的幽灵,无法给用户提供安全、可靠、便利的网络空间。因此,互联网平台经营者应遵守法律法规履行信息保护和数据安全责任,推动数据资源安全高效配置。

2021年,国家网信办连续发布了对"滴滴出行""运满满""货车帮""帮""直聘"实施网络安全审查的公告。接受网络安全审查的几家企业都掌握大量用户隐私数据,并且业务与关键信息基础设施有关。^㉙被审查企业近期已赴美上市,将不可避免涉及数据出境问题。互联网企业在运营过程中产生的巨量数据通过大数据分析能够反映出我国整体经济运行情况等涉及国家秘密的信息,对总体国家安全构成重大安全威胁。

资本主义数字经济经过一定时间的发展过程,已经从自由竞争发展为垄断阶段。大规模的科技资本通过少数掌握数字平台的科技巨头相互竞争,现在已经出现了掌握海量用户行为数据的数字垄断资本巨头,由自由竞争的局面转变为垄断竞争的格局。这些数字垄断资本巨头各自为政,攫取超额剩余价值,一方面,它们竭力构筑独享的数据流和数据池,另一方面对各种算法实行保密和垄断,因而也牢牢地把显示巨大算法生产力的数字机器掌控在自己手中。在任何情况下,资本都不会将这些"上行信息"同社会分享。

2.资本主义的数字经济利用下行信息的剥削

资本主义的数字经济对劳动者的剥削不仅包含收集上行信息时对信息提供者的剥削,同时还包含执行下行信息时,数字资本对于劳动者的剥削。

数字资本主义的所谓"算法"加剧了剥削的程度。在实体生产领域,资本主义的数字经济通过理顺"下行信息",优化生产路径,提高生产效率,缩短了生产周期。例如哈雷摩托车的生产,过去客户从下单到收货一般需要21天,在应用数字化生产线后,同一过程现在只需要6个小时。㉚但是,生产过程智能化的同时,厂商为节省成本,大量使用外包劳动,通过信息技术和物联网,调动着散居在世界各地的工人大军,残酷地剥削廉价的劳动力。

另外,在服务行业,尤其是调动了出租车和快递等服务人员的中介招聘平台,数字资本主义也在利用下行信息加深剥削。表面上来看,招聘平台声称是使参与者利用了闲置的资源,实际上,却是加重了对劳动者的剥削。这种招聘平台,生产者和消费者或工人和公司之间通过使用计算机或移动设备形成在线联系的共同点,这些设备允许大量处理数字数据,并将这些数据用于组织和控制劳动者活动的算法,由此得出对于平台来说最有利可图的工作指令,也就是生成了下行信息。第一,使得劳动者牺牲了闲暇时间来进行工作。实际上延长了劳动的工作时间。第二,零工经济通过不同活动的数字平台,构成了新的具体的资本主义形式的商品化和对工作的控制,形成工人与生产工具的新分离。数字平台通过算法系统的强制,实施对劳动者的控制。伴随着这些新的具体的吸纳形式,零工经济也将巨大的流动性融入后备军构成的逻辑过程中,打破了现役和非现役工人之间的静态维度,实际上大大增加了数字平台后备军的人数,通过加剧工人之间竞争,来进一步削弱劳动者在工资方面的议价权。因此,零工经济充当中介,直接通过算法系统,针对包含了消费者使用价值信息的上行信息,下发了服务提供者的指令下行信息。数字平台通过整合以算法系统为重点的一系列技术,可以大大提高工作的强度。这种生产力提高的唯一目的是产生相对剩余价值,马克思认为相对剩余价值是对资本的实际吸纳过程的本质。

3.数字经济不能根治资本主义

正因为数据信息能够收集"上行信息",并能整合优化"下行信息",因此可以使得产品或服务的使用价值更加贴近用户的真实需要,极大地促进了资本主义商品价值在流通环节的实现。但是,我们可以看出,资本主义的数字经济,实际并没有脱离资本主义的基本矛盾。

资本主义的数字经济,之所以能够获得爆发式增长,关键在于它能进一步识别和满足消费者隐藏的真实需要(获取上行信息),能够更有销路地协调、调动厂商组织生产(组织下行信息)。但是,由于各数字垄断巨头各自为政,数据产品作为中间产品在各厂商之间进行交易的时候,并不是一定能获得市场的最终认可。其实没有改变整个社会生产的无政府状态。而且,一方面资本主义的数字经济是建立在资本主义垄断资本基础上的,其目的是攫取超额利润,资本不可能将利润回馈给全社会。另一方面,数字劳动和零工经济加深了资本对人活劳动的剥削程度,实现对于人的进一步压榨。数字资本主义甚至进一步造成了数字鸿沟,扩大了资本主义世界的两极分化。因此,资本主义制度下的数字经济实际上是加深了生产无限扩大的趋势与劳动人民购买力相对缩小的矛盾。

总体来说,资本主义数字经济无法使资本主义制度彻底摆脱资本主义的基本矛盾。

二、资本主义的分享经济理论无法拯救资本主义

美国经济学家马丁·L.威茨曼(Weitzman Martin,1942—)在其1984年出版的《分享经济》①一书中正式提出他的分享经济概念。他将员工

工资报酬分为工资制度和利润分享制度,后者被称为"分享经济"。威茨曼在书中建议劳动市场上的雇工应以由政府指导下的"利润分享比例"为基础,而不应以固定工资为基础,从而解决当时令西方世界甚为头疼的滞胀问题。由此,威茨曼研究员工参与利润分享及其对微观经济与宏观经济产生的影响的理论,就称之为威茨曼的分享经济理论。

然而,威茨曼的分享经济理论既不涉及企业财产所有权的重新安排,也不涉及企业管理方式的变革,只是涉及企业剩余索取权的分配问题。威茨曼曾经表示过,分享制的关键不在于谁拥有所有权,而在于工人参与利润分享②。这种理论上的缺失使得这种分配形式缺乏合理性也没有有力的保障。而且,威茨曼认为"滞胀"的根源在于工资支付的形式,这种分析既不正确,也不符合事实,由此推导出的解决方案也并不能根本地解决问题。

除威茨曼的分享经济理论之外,西方还产生了一系列分享企业管理权的理论和实践。分享企业管理权是企业职工参与企业经营管理的一种企业模式,职工依法参与公司董事会,以决定公司的营运方针。其立法宗旨在于促进劳资关系的和谐,从而有助于公司的营运。在这种公司治理模式下,"劳动"与公司资本等同看待,均被看作为公司得以运作的两大要素。一般认为,这种模式可以提升公司员工对公司的向心力,降低公司员工因无法参与公司经营所产生的消极感。使"劳动"与"资本"更好地融合。职工参与公司治理的目的在于保护职工利益。以共同决定制为特征的德国是最好的典范。共同决定制表现为职工进入公司监事会和执委会。而德国监事会并非单纯的监督机构,除了监督执委会工作之外,还享有执委会人事任免权及部分公司重大事项的经营管理权,是兼具监督和决策双重功能的机关。职工参与企业经营管理是政治民主向经济民主的扩展,是劳动力产权的丰富和完善,也是人类文明进步的表现。职工参与作为当代人本管理的主要内容之一,正在逐步走向深化。

关于职工参与企业管理,国外还出现了劳动管理型企业的概念。劳动管理型企业(Labor-Managed Firm)有时也被称为"工人控制型企业"(the worker-controlled firm)或"自治型企业"(the self-managed firm)。历史上除了前南斯拉夫曾在全国范围内实行过类似工人雇佣资本的"工人自治企业"和西班牙蒙特拉贡式的合作社制度以外,在现实中很难找到工人雇佣资本型企业的真实案例,因此劳动管理型企业有时也被认为只是一个纯理论的产物。对劳动管理型企业的理论研究起源于20世纪二三十年代关于社会主义计量可行性的大辩论。此后直到1958年沃德(Ward)研究南斯拉夫工人自治企业论文的出现,才使劳动管理型企业理论成为一个具有一定学术规范的西方经济学流派③。沃德采用新古典方法研究劳动管理型企业,他得出的主要结论是:在传统企业运营有正的利润环境下,劳动管理型企业雇佣劳动水平以及产出都将低于传统企业。因而,劳动管理型企业对外在环境的变化与传统企业相比较更缺乏弹性。他在研究相关劳动管理型企业案例时发现,劳动管理型企业对劳动力的需求以及劳动管理型企业的产出甚至在产品价格上升时将下降。这一现象被后续文献称为"沃德效应(Ward effect)"或者"反常供给反应(Perverse supply reaction)"。在沃德之后,多马(E.Domar)和瓦尼克(J.Vanek)以及其他一些经济学家进一步发展了沃德的范式,形成了后来的沃德—多马—瓦尼克(WDV)学派,成为劳动管理型理论的主流。其中又以瓦尼克的论著④在一定程度代表了用新古典方法研究劳动管理型企业的最高水平。但是,劳动管理型企业缺乏经济学和法理学的基础,几乎所有支持该理论的学者都没有阐述是什么原因使得工人能够掌握企业的控制权和剩余索取权。这主要是由于沃德使用的新古典方法在研究产权方面受到很大局限。

需要用广义分享经济产权结合分配和信息传递这二重维度来进行分析。

在产权结合分配的维度,人力资本与非人力资本在经济性质上有着深刻的区别。"人力资本"创造价值,而非人力资本则转移价值。前者是剥削的对象,后者是剥削的手段,两者不可能具有平等讨价还价的资格。马克思批判将劳动力当作资本的理论时讲道:"在这里,工资被看成是利息,因而劳动力被看成是提供这种利息的资本……资本的增值不是用劳动力的被剥削来说明,相反,劳动力的生产性质却用劳动力本身是这样一种神秘的东西即生息资本来说明……不幸有两件事情不愉快地和这种轻率的观念交错着:第一,工人必须劳动,才能获得这种利息;第二,他不能通过转让的办法把他的劳动力的资本价值转化为货币⑤。"也就是说,西方的分享经济,职工参与管理是没有产权基础的。那么,为什么企业主愿意让渡出一部分的控制权力呢? 这是因为,一方面职工参与管理可以提高生产效率,多生产剩余价值;另一方面,可以将经营和收入下降的责任推给工人,在收入分配的时候,如果利润下降,就会降低工资,让劳动者分摊损失。

在信息传递的维度,职工对于企业可以反馈信息,形成上行信息3。这有助于生产信息在劳动者和企业之间传递,是具有进步意义的,也促进了生产的发展。但是,由于是处于资本主义制度下,工人参与管理没有任何产权保证。在滞胀等资本主义危机缓解以后,企业就有可能改变策略。更重要的是,资本主义制度下的分享经济没有办法在社会层面上沟通信息。虽然,现代资本主义已经发展出货币手段和财政手段来调节经济,但还是不能改变企业追逐利润、剥削劳动者的本质,不能真正从整个社会调控者的地位,均衡全面地调节整体经济运行,不能形成有效的下行信息2。因此,资本主义的各种分享理论、职工持股理论和实践,都不能挽救资本主义制度走向危机的命运。

第四章 信息传递的三种模式

一、自由放任市场经济无法保持信息的有效传递

马克思认为资本主义制度下,必然会周期地爆发经济危机。从信息传递的角度来看,就是因为,在资本主义自由放任市场经济中,无法保持信息在社会生产中进行有效传递。

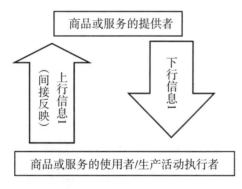

图4.1 自由放任市场经济中信息传递情况

第一,价格只能扭曲地反映上行信息。

在资本主义私有制下的自由放任市场经济模式中,没有调控者提出生产组织指令(下行信息),商品或服务的提供者需要自行了解使用者需要什么产品或服务。卖方想要了解买方的购买意愿,只能依赖既往市场交易的经验。然而,马克思阐述了这一模式必然造成资本主义

经济危机的基本理论。在以物易物的流通过程中，(W—W)过程中本不存在断裂，买卖是统一的。但是，当货币成为一般等价物，成为商品交换的中介时，过程由(W—W)延伸为了(W—G—W)，使得买与卖以货币为中介而割裂为两个相互独立的过程，买卖双方大多数情况下都不再是统一的，买和卖分裂为独立的行为。卖方想要了解买方的需求，在私有制的市场经济模式中，唯一的手段就是看买方愿意承担的价格。市场经济之所以能够成为资源配置的手段，在于它能够通过价格间接地反映供求信息。然而，供给和需求在质和量上，都不存在必然对应的联系，正如马克思所说，总劳动力中社会用来生产这种物品的可除部分，也就是这种物品的生产在总生产中所占的数量，和社会要求用这种特定物品来满足的需求的规模之间，没有任何必然的联系，而只有偶然的联系。㊱

在这里需要特别注意的是，价格只能间接地反映需求信息（上行信息）。所谓间接反映，就是通过以往消费者在某个价格下愿意购买的数量，生产者可以推测未来消费者在某一价格下可能的购买量，从而安排自己的生产。而商品或服务的使用者需要的是使用价值，这种使用价值多种多样。在市场经济下，只能体现为价格，因此价格无法完全反映购买者所需要的真实的使用价值。正是价格这种信息传递工具的扭曲，造成信息不能完整地传递，会形成价格根据价值上下波动，从而形成市场的盲目性。如果资本主义生产和消费间的比例失调，甚至差距很大，就会产生相对的生产过剩，从而引发危机。资本主义经济继续发展，出现了信用制度，使得消费不再受现期收入的限制，通过透支消费促生了市场的虚假需求，引发价格虚高，进而传递错误上行信息，引发资本主义生产的盲目扩张。一旦出现大量违约，则资金链就会突然断裂。同时，商业信用的产生发展为资本主义生产的扩张提供了极大的方便，进一步加剧扭曲价格传递的错误信息所造成的盲目扩张，促进危机成为现实。这进一步加剧了价格扭曲的作用,加大了商品价值实现的风险。"信用加速了矛盾暴利的爆发,即危机。"㉜商业信用进一步发展为虚拟经济,在这一领域如果发生违约,支付资金链断裂,就会引发连锁性、扩大性的经济震荡,最终使得危机变得无可避免。"只要信用突然停止,只有现金支付才有效,危机显然就会发生。"㉝

第二,私有制造成社会生产的无政府主义。

社会生产必须按比例进行,由于资本主义自由市场经济建立在私有制基础上,资本的牟利性趋势使生产者利用有限的信息进行投机,根本没有调控者,不存在对生产者流动的下行信息2。马克思将其描述为社会生产的无政府主义,"资本主义生产的本质中就包含了不顾市场限制的生产"㉞。最终导致系统的崩溃。

第三,私有制分裂了劳动者作为商品或服务的使用者和生产活动执行者的两种角色。

"资本主义生产条件下,问题直接在于交换价值而非使用价值,资本主义生产的动机就是剩余价值的追逐"㊵,资本主义私有制度下对于劳动者的剥削和压迫,是生产过剩的根本原因。

资本主义私有制度,将劳动者作为商品或服务的使用者和生产活动执行者的两种角色分离开来。一方面,劳动者作为生产活动执行者受到严重的剥削。劳动者创造的剩余价值被资本无偿占有。资本为追求超额剩余价值,不断加深剥削程度,并用机器代替人工,压缩工人收入。劳动者是被剥削和压迫的对象,根本就不存在理想信息传递中的上行信息3,也就是生产场所中生产活动的执行者对生产过程做出的建议和反馈。在现实社会中,劳动者对于生产、工资、劳动条件和生活条件的诉求,妨碍资本获取剩余价值,是遭到资本反对压迫的。一般是积压到极大程度以后,通过罢工甚至革命的形式来表现。另一方面,劳动者作为商品或服务的使用者,是社会产品的最终消费者,其收入被大幅压缩，造成购买力下降。"资本主义追加生产的尺度是资本本身，是资本家追求利润而扩大自身资本的膨胀欲望，而不是消费。"㊶资本一方面通过下行信息1要求劳动者作为生产活动执行者，多生产剩余价值，少分得工资；另一方面，希望同一批劳动者多多消费，使资本生产的产品得到价值的实现。这就是生产和消费的矛盾。"资本主义生产不顾群众贫困和他们有限的消费，纯粹追求生产力的发展，似乎只有社会的绝对消费能力才是生产力发展的界限。"㊷出现信用制度之后，消费者超前消费，造成价格虚高，进一步扭曲地传递上行信息1。"一旦劳动的社会性质表现为商品的货币存在，从而表现为另一个处于现实生产之外的东西，独立的货币危机或作为现实危机尖锐化的货币危机，就是不可避免的了。"㊸

从信息传递的角度看，资本主义私有制下的自由放任经济模式，无法使供求信息顺利传递。其中的根源，在于资本主义私有制。在私有制控制下的市场经济，只能扭曲地传递生产信息，无法协调、保护作为人的劳动者利益。

二、传统计划经济模式无法保持信息的有效传递

苏联作为世界上出现的第一个实行社会主义制度的国家，在没有任何前人经验可以用来借鉴的基础上，在向社会主义过渡和建设社会主义的道路上，进行了艰辛的探索，形成了世界上第一个社会主义建设的系统方案，在全国范围内确立了社会主义经济制度。苏联的建立和发展，对于世界无产阶级革命具有不可磨灭的历史意义。但是，苏联和东欧地区的传统计划经济模式，从东欧地区出现改革时就遭受质疑。直到苏联和东欧地区发生巨变，该地区的传统计划经济模式彻底终结。美国学者弗朗西斯·福山甚至提出了"历史终结论"㊹。自从该地区的传统计划经济模式彻底终结以后，二十多年过去了。在这期间，世

界政治和经济经历了很大的变化,全面的私有化使该地区的社会经济发生了极大的倒退。同时,世界范围内的资本主义经济体也相继遭遇了大规模经济危机。对于现存的社会主义国家来说,这些情况需要我们重新全面地分析苏联和东欧地区的传统计划经济模式,努力探索一条更加成熟的、可行的社会主义模式,使社会主义的制度优越性能够得到充分彰显,社会主义的成功也将增强其自身的吸引力和影响力,加快资本主义走向灭亡的步伐。

一般认为,苏联和东欧地区的传统计划经济模式包含三个方面主要特征:第一,所有制为单一的公有制;第二,以重工业为主导;第三,高度集中的计划经济。实际上,苏联和东欧地区的传统计划经济模式的形成经历了一个变化的过程。第一次世界大战结束以后苏联成立,面临的首要问题就是,社会主义制度具体应该是什么样子,要如何过渡建立这样的制度。马克思和恩格斯,并没有也不可能对于社会主义设定具体的标准。马克思本身认为他的任务就是批判他所处的资本主义,同时,建立民主的社会制度。"是宣告现代资产阶级所有制必然灭亡"[45]。"自由就在于把国家由一个站在社会之上的机关变成完全服从这个社会的机关。"[46]对于具体的调节机制,马克思和恩格斯都只是谨慎地进行了简单的设想。"社会的生产无政府状态就让位于按全社会和每个成员的需要对生产进行的社会的有计划的调节。"[47]"社会化的人,联合起来的生产者,将合理地调节他们和自然之间的物质变换,把它置于他们的共同控制之下,而不让它作为盲目的力量来统治自己靠消耗最小的力量,在最无愧于和最适合于他们的人类本性的条件下来进行这种物质变换。"[48]"劳动时间的社会的有计划的分配,调节着各种劳动职能同各种需要的适当的比例。另一方面,劳动时间又是计量生产者在共同劳动中个人所占份额的尺度,因而也是计量生产者在共同产品的个人可消费部分中所占份额的尺度。"[49]

结束了战时供给制度,根据当时的实际情况,苏联在列宁的领导下并没有马上实行公有制和计划经济,而是实行了"新经济政策"。新经济政策主要是恢复了商品货币关系,在农业政策方面由余粮征集制改为粮食税,在工业政策将全面国有化的企业分出一部分,由资本来经营。列宁指出"这个政策之所以叫新经济政策,是因为它在向后转。我们现在退却,好像是在向后退,但是我们这样做是为了先后退几步,然后再起跑,更有力地向前跳。"⑤⑩这是由于当时的苏联生产力水平还不高。为了适应当时农业和工业都不发达的实际情况,所作出的一种权益措施。实际上列宁直到临终,一直期望"新经济政策的俄国将变成社会主义的俄国⑤⑪。"但是,后来发展的情况,以及世界大战的战况,使得新经济政策无法继续长期执行。从农业方面,新经济政策已经不能够给工业化提供足够的商品粮和资金,农村全盘的集体化虽然打乱了农村的生活,但在当时确实没有解决这一矛盾的替代方案了。⑤⑫工业方面,苏联急需进行全面快速的工业化,新经济政策显然无法通过市场实现这一目标,因此俄罗斯历史教学参考书《俄罗斯历史(1900—1945)》在有关新经济政策这一章中最后总结:新经济政策不是被人为地"中断"的,而是被其所肩负的沉重任务压倒的。⑤⑬

苏联和东欧地区的传统计划经济模式,就是在这种前无古人、内忧外患的背景之下发展起来的。实行单一的公有制、以重工业为主导和高度集中的计划经济,都是为了尽快实现国家工业化、现代化,从而应对法西斯入侵的威胁。这些政策都是为了应对生死攸关问题而做出的无奈选择。斯大林在阐述工业化的目的时说道:"我们比先进国家落后了五十至一百年,我们应在十年内跑完这段距离。或者我们能做到这一点,或者是我们被推翻。"⑤⑭

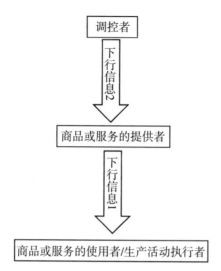

图4.2 苏东传统计划经济模式的信息传递情况

从信息传递角度来看,苏东传统计划经济模式中,只有由中央计划机构主导的集中计划。这种经济体制下,下行信息的传递和执行都很顺畅完善,因此在资本积累和稀缺资源配置上具有优势,在工业化时代迸发出巨大的生产力和惊人的增长速度。从1928年到1941年,苏联先后进行了三个五年计划的建设,基本完成了社会主义工业化的任务。第二个五年计划末,苏联工业生产水平较1913年增长了8.2倍,1937年工业产值已占到整个国民经济的77.4%。俄国工业产值仅占世界份额的2.6%,而此时苏联工业产值已经达到全世界的13.7%,工业生产水平由1913年的世界第5位和欧洲第4位跃为世界第2和欧洲第1位。⑤

然而,这种体系下的价格完全无法反映消费者的需求,上行信息完全无法传达给物质资料提供者和计划者。这导致计划者在完成初步的工业化目标之后,难以捕捉消费者更加多元化的使用价值的需求,无法有针对性地组织生产,从而导致经济结构严重失调。"苏联模式最明显的特征就是权力过分集中。主要表现为:以党代政、党政权力不分;权力高度集中于个人,以人治代替法治,有法不依;践踏法制,漠视民主制度,党和国家缺乏有效的监督体制。"㊹恩格斯指出:"我们的目的是要建立社会主义制度,这种制度将给所有的人提供健康而有益的工作,给所有的人提供充裕的物质生活和闲暇时间,给所有的人提供真正的充分的自由。"㊺

相反,理想的社会主义经济模式不但应保证计划者提出的生产组织指令(下行信息)能够自上而下地传递和执行,从而实现计划经济。更应该保证货物或服务的使用者提出的需求信息(上行信息)能够自下而上地传递给计划者,从而实现经济的畅顺运行。

实际上,需求信息(上行信息)是至关重要的,它一方面应该是制定生产组织指令(下行信息)的依据和基础;另一方面,在更深的层次上它体现了马克思主义的根本思想,即为实现人的全面自由发展的思想。因此,苏东传统计划经济模式并不是真正社会主义经济模式的代表。苏东传统计划经济模式的成功之处,正是它符合社会主义经济模式的部分,实现了公有制和按劳分配,保证了下行信息传递。它的失败之处,正是它不符合社会主义经济模式的部分,完全堵塞了信息上行的通道。由此,在我们的理解中,在共产主义社会中,所谓实现人的全面自由发展,并不是准备了大量多余的物质资料供人们挥霍,而是调控者能够及时掌握需求信息(上行信息),并且及时精准制定生产组织指令(下行信息),满足人民日益增长的各种需求。

三、数字技术有利于中国特色社会主义分享经济信息传递

大数据、数字经济等技术,在我国可以为社会主义建设所利用,实现国家、企业和个人之间"上行信息"和"下行信息"的分享。从而克服自由市场经济和苏联模式的弊端,实现经济的平衡和创新发展,更好地满足人民的需要。

(1)社会主义制度下,数字经济和大数据能协助"上行信息"和"下

行信息"顺利传递。

随着我国经济不断发展,经济发展进入了新阶段。习近平总书记在党的十九大报告中明确给出了答案"中国特色社会主义进入了新时代"。在这个新时代,我国社会主要矛盾从"人民日益增长的物质文化需要同落后的社会生产之间的矛盾",转化为"人民日益增长的美好生活需要和不平衡不充分的发展之间的矛盾"。"人民日益增长的美好生活需要"是使用价值,是满足人本身的需要。

古典经济学里的"需求"概念实际上是"购买量",是消费者在某一价格水平上能负担得起的购买量。消费者买不起某种商品不等于不需要这种使用价值。资本主义相对过剩的危机,也是因消费者购买不起使用价值,从而引起厂商产品价值无法实现的危机。如何知道消费者需要什么样的使用价值呢? 需求信息本身并不能生产价值,但是它对于价值在流通中得到实现却是至关重要的, 因为商品和服务必须是要满足消费的使用价值,消费者才会在市场中进行购买,从而使得生产者商品的价值得到实现。在互联网催生的个性化消费升级时代,大数据通过收集大量消费者既往消费的相关记录,使得厂商可以充分利用数字化新技术,在日益复杂的数据中发现关乎真实消费需求的有效信息,即"上行信息"。

本书第三章已经论述过,在资本主义条件下,资本利用私人掌握的上行信息赚取剩余价值,甚至会威胁到信息安全;资本同时利用生产指令的下行信息,延长劳动者劳动时间,扩大产业后备军数量,用竞争来压低工资,破坏工会组织。在社会主义市场经济条件下,可以对这种信息垄断进行一定程度的规范,对信息风险进行有效的防范。同时,社会主义的政府利用协商制度解决生态和劳资关系等社会问题,企业可以通过党委、工会组织协商解决工作场合相应问题。

首先,我国的基本经济制度仍然是公有制为主体。程恩富等学者认为,依据马克思主义经济学基本理论,要从根本上解决信息垄断的问题,必须从公有制为主体的基本经济制度角度出发。"必须对大数据所有权及其派生的占有权、使用权、收益权等权能进行界定,明确平台企业大数据的产权应由国家代表全民所有,平台国企依法掌控和使用,其他企业依法有偿使用,平台企业使用大数据产生的收益应实现平台财富全民共享。"⑱"大数据初始资源私人占有和平台企业私有制是平台经济垄断产生的根本原因。平台企业反垄断的重点不是压缩平台企业规模,也不是降低平台企业市场占有率,更不是限制企业的发展,而是要摒弃新自由主义'干预垄断',在坚持科学社会主义公有制基础上,从明晰产权视角,重点对平台企业所依赖的全民所有资源、平台企业是否出现'混业经营'即明确经营权边界进行监管。要清晰界定平台企业经营权边界和经营范围,限制平台企业(提供数据资源和公共服务)介入经营普通企业(产品生产或服务营销)业务。"⑲

第二,垄断已经被证明会严重干扰市场经济正常秩序,会造成市场失灵。因此,我国政府从维护市场经济正常运行秩序目的出发,制定了一系列法律和规范。通过对资本主义数字经济的分析,我们可以看出数字经济也有一定的弊端。在我国,也出现了一些案例。比如外卖平台的算法,使得外卖骑手为保证准时而违反交通法。但是,利用中国特色社会主义分享经济可以确保数字技术的正确发展方向。

第三,当前,我国还必须依赖市场作为资源配置的主要途径。邓小平同志在提出社会主义也可以搞市场经济的时候,从来没有否定计划,一再说计划和市场都是手段、都可以用。关键是看哪种手段更适合我国发展要求。数字经济也有利于有效组织生产。生产者不但能够通过互联网了解消费者需要何种个性化产品,还可以了解到何时何地生产这种产品成本最低。在此基础上,生产者就可以利用获得的"上行信息"综合自身产能,对生产过程进行倒推,进行按销定产。这样在企业内部优化了"下行信息",有效减少了成本。

第二编
协调管理权分享维度

第五章　数字技术助力协商治理

一、西方左翼理论家设想的市场社会主义经济模式

西方左翼理论家对于市场社会主义有很多担忧,大卫·科茨(David Kotz)进一步指出,"市场社会主义将重现许多资本主义的问题,包括不平等、宏观不稳定和环境破坏"[60],由此他认为,"民主国家和参与式计划体制代表了一个可行的社会主义的基础"[61]。当然此处的市场社会主义是西方左翼学者的一系列理论设想和探讨,与我国实施的社会主义市场经济不同。

在众多市场社会主义设想中,曼彻斯特大学荣誉研究员帕特·迪瓦恩(Pat Devine)设想了"通过谈判协调进行的参与式规划"(Participatory Planning through Negotiated Coordination)[62]。他主张消费者通过协商方式,直接提出使用价值的需求,协调者并不是苏东传统计划经济模式中的官僚机构,而是协商协调中心(Negotiated coordination bodies),利益相关者在各级协商协调中心通过直接民主或代议制度,对生产相关的环境、资源等问题进行协商,制定整体的生产计划,再将计划付诸生产。

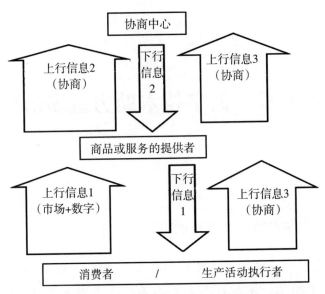

图 5.1 "通过谈判协调进行的参与式规划"的信息传递

在这种理想的制度下,消费者的使用价值需求,并不通过价格等任何中介直接得到表达。而且,这种表达是对未来的真实需求,不是通过分析过往需求而进行的推测。可以说,这种表达是上行信息的完全表达。协商协调中心制定了计划,可以直接进行生产,下行信息也可以得到完全表达。由于是直接按照上行信息生产的,产品可以满足需求者提出的使用价值,完全消除了市场的盲目性。另一方面,正是由于协商协调中心收集了需求者的真实需求信息,避免了苏联模式中央计划局忽略消费者需求的官僚模式。决策过程通过民主协商的形式进行,"保证每个个人特殊的嗜好和需要不致因拥有全权的国家所确定的消费标准而受到损害",实现了经济上的民主决策。[63]

然而,这种模式毕竟只是学者的设想。首先,它要求建立在全社会共同拥有生产资料的公有制下。更重要的是它要求建立在废除社会分工的基础上,劳动者的知识可以让他们在全社会轮岗中胜任任何工作。这样,单个劳动者对于其他劳动者的劳动情况就非常了解,不会在协商过程中提出过分的、损害他人利益的要求。这一设想的前提条件过于理想化，难以在目前的生产力和经济制度条件下实现。

二、广义的分享经济：数字技术与协商的结合

广义的"共享"是指政府、企业、社会组织和个人等多方共同参与、共同分担的一种经济模式或经济形态。依据李炳炎教授的社会主义分享经济理论，社会主义的分享理念，是国家、企业和个人承担调控者、商品或服务的提供者和商品或服务的使用者/生产活动执行者三种角色，在公有制为主体、多种所有制形式共同发展的条件下，共同参与、共同分担的一种组织形式。需要从资本主义数字经济和西方左翼理论家设想的社会主义经济模式中，吸取有用的理论和实践，利用中国特色社会主义制度的优越性，让上行信息和下行信息，通过数字技术和协商制度，在政府、企业、社会组织和个人之间，更加流畅地传递分享。

一方面，大数据、数字技术等科技手段，在我国可以为社会主义建设所利用，实现国家、企业和个人之间"上行信息"和"下行信息"的分享。从而，更好地挖掘人民对美好生活的使用价值要求，综合统筹生产流程，实现高质量均衡的发展，使发展成果更多惠及全体人民，实现共创共享的共同富裕。从而克服自由市场经济和苏联模式的弊端，实现经济的平衡和创新发展，更好地满足人民的需要。

另一方面，中国特色社会主义制度中的协商传统，有类似西方左翼理论家设想的协商模式。社会主义经济模式中，协商制度也可以协助政府、企业、社会组织和个人等利益相关方，就经济、社会、生态等多方面多角度的问题，进行全面的协商，从而为国家的调控制订综合的参考方案。

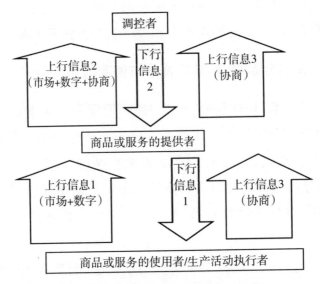

图5.2 社会主义共享经济中的信息传递

三、大数据技术有助于协助协商治理

1.协商是社会主义分享经济必不可少的部分

通过协商,可以解决企业内部劳动者对下行信息进行反馈、参与管理的问题,也可以解决社会和生态等一般经济手段难以处理的社会经济问题。

企业内部劳动者对下行信息进行反馈、参与管理,形成上行信息3,对于社会主义经济运行也很有意义。南斯拉夫的工人自治,从蓬勃兴起到失败,有一个重要原因,是因为工人从自身利益出发,希望提高工资。但是,工人没有从整个社会生产分配交换消费的角度整体考虑问题。他们没有考虑到,单纯提高工资,没有相应的提高产品数量,在社会整体上会造成拿着工资却买不到产品的情况,简单推高产品价格,造成通货膨胀,严重扭曲价格的信息传导功能,扰乱整个经济的运行。

从企业内部情况来看,李炳炎教授认为,我国目前企业运行过程中，企业职工对企业运行管理提出反馈的能力很低，导致这种情况的理论根源，正是由于离开了马克思主义的指导。于是，必然会产生不顾中国国情和我国社会主义制度的本质要求，在引进现代市场经济体制的同时，也引进了与我国国情并不适应的制度，随之产生的是劳资对立尖锐化趋向。还有一个问题，就是建立现代企业制度必须要考虑吸收中国已有的经验。新中国历史上的企业制度已有几十年的历史，虽然其中存在着种种的缺点和问题，需要我们尽快建立适应生产力发展要求的现代企业制度，但是，历史上的企业制度中还是有很多宝贵的经验的，我们不应该将这样一份珍贵的财富丢掉，而去照抄照搬西方的那一套。比如，曾大力宣传和学习的"鞍钢宪法"，便是我们所应该继承的。"鞍钢宪法"传到国外，对国外的企业管理方式的变革产生了深刻影响，已经取得了巨大的成功。美国麻省理工学院教授罗伯特·托马斯明确指出，毛泽东批示的"鞍钢宪法"，即"经济民主"和民主管理思想（两参一改三结合），是提高企业效益的关键。日本企业管理界将"鞍钢宪法"称为当代最先进的管理模式。毫无疑问，我国建立现代企业制度应首先考虑吸取"鞍钢宪法"的基本精神与精华。这是我国建立现代企业内协商制度的中国特色所在。

2.数字技术可以和协商制度相结合

当然，在市场经济下，我国广大经济个体同样需要利用大数据和数字经济为自己服务。但是，我国对大数据的利用有自身的独特之处。那就是为了人民的利益，政府能够团结和调动公有制企业和非公有制企业共同收集信息，分享数据。

丹麦提出了"科技服务与民主"（Tech for Democracy）。习近平总书记更是强调要"更加重视运用人工智能、互联网、大数据等现代信息技术手段提升治理能力和治理现代化水平"[64]。在我国，政府正在利用大数据收集整合民意"上行信息",为制定正确的决策提供基础。大数据技术对不同来源、不同层次、不同结构、不同内容的碎片化信息资源进行选择和融合,更容易发现问题、界定问题、找准解决问题的突破点。推动信息的协同利用,将超越个体相对静态、局限的视角,从动态的、宏观的视野为精准、快速决策提供依据。

此次新冠疫情,催生了"健康码"这一政府和大数据科技企业协同合作的绝佳案例。健康码的核心是政府提议而企业研发的技术创新。参与健康码的研发和推广的企业既有初创的中小科技企业,也有阿里巴巴这样大规模的平台型互联网公司,参与提供信息的有更加有作为的国有企业各大电信运营商。健康码背后政府、医疗机构、多种经济成分企业和公民之间的合作至关重要,而这很类似迪瓦恩(Pat Devine)设想的参与式协商规划,各利益相关者共同协商制定规划。[65]健康码信息来源包括公民登记、支付宝客户大数据和电信运营商手机漫游数据的共享。[66]正是这种共享,使得防控部门能对动态信息有及时准确的了解,为抗击疫情和复工复产提供了有力保障。同时,数字技术可以助力我国实行的全过程民主。张露露[67]以江苏淮安市"码"上议协商平台、浙江省杭州市"米市协商铃"微信程序和四川省绵阳市"互联网+智慧社区"掌上议事系统为例子,分析了地方政府利用数字技术来推行民主协商、共同议事、提高地方政府治理能力的成果。

四、用社会主义公有制和协商制度约束和利用数字技术

社会主义制度和公有制为主体,是合理利用数字技术和协商制度的基础。应当用社会主义分享经济的思路面对数字技术的发展。

李炳炎提出的广义社会主义分享经济,是关于公有制占主体地位条件下,信息在政府、企业和消费者之间顺利分享的理论。对于数字技术来说,它既是实现社会主义分享经济的工具,本身也是社会主义分

享经济重要的组成部分。对于应用数字技术的平台企业如何发展,有马克思主义学者提出自己的理论。

中国特色社会主义市场经济是以公有制经济为主体、多种所有制共同发展的所有制结构为基本经济制度之一。数字经济尤其是新兴的核心产业,作为中国特色社会主义市场经济的重要组成部分,亦应坚持公有制经济为主体、多种所有制共同发展的基本经济制度。但当下的市场格局中数字经济核心产业基本以私人资本主导,这种状况同我国数字经济规模、数字经济核心产业的发展态势以及网民规模很不对称,也同中国公有制经济为主体的经济制度基础相悖。程恩富和王爱华认为数字经济垄断产生的根本原因是大数据初始资源私人占有和平台企业私有制,因此,应该坚持平台经济社会主义公有制属性,从明晰产权视角对平台企业所依赖的全民所有资源和经营权边界进行监管。政府应从数字基础设施治理与开放、公共和私人责权边界划分等方面在数字基础设施的提供者、使用数字基础设施的互联网平台和消费者用户之间合理分配收益。[68]吴文新和江永杰建议对私有民营平台企业进行以公有资本控股为主要内容的混合所有制改革。[69]侯晓东、程恩富主张通过渐进的混合所有制改革,逐步实现平台产权国有化。[70]

中共中央、国务院印发《关于构建数据基础制度更好发挥数据要素作用的意见》(以下简称《数据二十条》)正式颁布,描绘了数据基础制度的四梁八柱,提出了以产权制度为基础、以流通制度为核心、以收益分配制度为导向、以安全制度为保障的数据基础制度顶层框架,对于充分激发数据要素价值具有全局性、奠基性、引领性重要作用。

在我国,数字技术核心基础设施是由国家部署为公共运营而投资建造的,政府大规模公共财政支出用于投资宽带接入、改善数字基础设施组件等数字基础设施研发,提升数字服务性能。数字技术不仅仅是应用于平台经济,它在传统实体经济中,也可以大放异彩。我国科学技术的研发,重大基础项目以国家出资为主,正在构建"新型举国体制"。将来的世界,科学技术是第一生产力。国有资本资助下,研发的科技成果,是当之无愧、货真价实的国有资产,应该受到保护。李炳炎教授提出的"股份有限公司是一种共享收益的投资模式,债券、证券、金融是共享资本的一种融资模式,保险是一种风险分摊的共享机制。全球化、'一带一路'倡议、城镇化战略强调的共享理念是当代社会共享资源、技术、资本、生产资料和成果。"[71]应该有计划地让国有资本以技术入股的方式入股私营企业。

在社会主义初级阶段,我国将长期将市场作为资源配置起决定性因素的机制。国有资本研发的科技成果,应该以一种市场能接受的形式,参与到资源配置过程中来。

人们普遍认为,分享经济是新生事物,主要是由私营企业或者外资企业推动的。国有企业和这种方兴未艾的经济形式毫无关系。其实不然。习近平总书记强调必须坚持"两个毫不动摇"的发展理念,即"毫不动摇巩固和发展公有制经济,毫不动摇鼓励、支持、引导非公有制经济发展"。[72]分享经济的发展是国企、私企共同发展的结果。发展分享经济同时也可以促进国企和私企的良性共同发展。从广义分享经济方面看,国企和私企都在进行着不断的制度创新。

在当前推进国有企业改革的关键时期,2020年6月30日,中央全面深化改革委员会第十四次会议就已审议通过了《国企改革三年行动方案(2020—2022年)》。[73]要通过混合所有制改革,来完善中国特色现代企业制度;加快建立健全市场化经营机制,大力推进经理层成员任期制契约化管理和职业经理人制度;积极稳妥分层分类深化混合所有制改革;优化国有资本布局,推动战略性重组和专业化整合等。新华社北京4月9日电(记者王希)继国企改革"双百行动"、国资国企"综改试验"后,又一国企改革专项工程——百户科技型企业深化市场化改革提升自主创新能力专项行动("科改示范行动")已经启动。[74]国企混改应当和提升创新能力结合起来。一方面,必须坚持公有制经济在我国的地位。习近平总书记指出:"公有制主体地位不能动摇,国有经济主导作用不能动摇,这是保证我国各族人民共享发展成果的制度性保证,也是巩固党的执政地位、坚持我国社会主义制度的重要保证。"[75]事实上,我国的公有制经济为我国科学技术的战略性发展,贡献了巨大的力量。C919大型客机首飞成功标志着我国大型客机项目取得重大突破,是我国民用航空工业发展的重要里程碑;嫦娥四号探测器在世界上首次成功登陆月球背面,悟空、墨子、慧眼、碳卫星等系列科学实验卫星成功发射,载人航天工程突破大量关键技术,取得了众多创新成果;高铁总里程占世界2/3,"八纵八横"高铁网建设全面展开;等等。在国有经济的主导下,一大批具有自主知识产权的国之重器相继问世,为我国经济社会发展和民族复兴插上了科技的翅膀。[76]在以科技进步为目标的混改过程中,不能让国有资产遭到流失。另一方面,要引导非公经济。不论是通过混改入股,还是通过产学研一体化,并不是要把公有制经济合并到非公经济中去,而是着力引入志同道合、技术匹配的战略投资者,不断增强国有经济活力、控制力和影响力。这里志同道合是关键。习近平总书记在《在网络安全和信息化工作座谈会上的讲话》中指出"网信事业要发展,必须贯彻以人民为中心的发展思想"[77]。根据社会主义分享经济理论,在关注企业利益同时,必须关注国家利益和人民的福祉。技术匹配是要用国家的战略眼光引导非公经济向国家更加紧迫需要的领域发展,共同克服"卡脖子"技术难关,更好地执行国家发展战略等"下行信息",克服市场弊端,维护社会生产的按比例有序进行,让科学技术真正起到造福人类的目的。

第三编
产权和收入分配维度

第六章　中国特色社会主义分享经济理论的内在逻辑与理论公式

关于劳动者参与分配的理论与实践也有很多成果。李光宇、张泽荣[38]认为社会主义经济应该用新的经济范畴来表现，作为劳动报酬的工资不是生产成本的构成部分，他们认为社会收入必然会代替利润。上海财经大学经济学院叶正茂等认为[39]，现代企业不应是股东们的实物资本的集合，而应当是物质资本和人力资本的联合运用，现代企业可以看作一种治理和管理者专用性投资的制度安排。马克思在分析劳动过程时，着重分析了劳动过程的三要素：劳动、劳动对象、劳动资料。缺少其中任何一个要素，都无法从事这一过程。价值形成类似于一个"团队"生产方式。叶正茂等由此提出了利益分享，认为共享利益制度的设计原则是建立在劳动权益与资本权益统一的基础上的，"共同占有、权力共使、利益共享、风险共担"是共享利益制度设计的基本原则。并提出根据这个基本原则，共享利益制度企业分配制度的设计可以依循如下思路：我们首先在企业经营收入中扣除物质消耗、短期债务成本以及国家作为社会管理者为履行社会管理职能而向企业征收的税金，以形成企业净收入，然后根据企业的经营特点、市场状况、风险程度、企业组织的发展阶段等因素将净收入分成"集体基金"和"可分配净收入"两个部分。

这些观点与李炳炎的中国特色社会主义分享经济理论有很多相同点，最主要的是都主张将企业收入在扣除物质消耗等之后形成净收入，再对净收入进行分成。但该观点主张将国家置于净收入分成主体之外，企业只通过税收与国家发生关系。李炳炎的分享经济理论是通过分享机制正确处理和协调国家、集体、个人之间的利益关系；经营者和工人，职工与职工之间的利益关系；不同地区与部门之间的利益关系，其目标是建立能够达到共同富裕的理论、机制与制度，能够达到调动各方面积极性，大力发展生产力，通过利益分享实现共同富裕。

李炳炎探索社会主义理论经济学的范畴体系创新，力图遵循以下几个原则：一、坚持唯物辩证法关于事物共性与个性、一般与特殊对立统一的矛盾分析方法，因而认为社会主义经济应该是现代市场经济的共性与社会主义生产关系的特性的统一；二、坚持马克思主义的发展观，把社会主义经济范畴当作随实践中的经济关系变动而变动的东西，亦即坚持唯物论的反映论。"不言而喻，在事物及其互相关系不是被看作固定的东西，而是被看作可变的东西的时候，它们在思想上的反映、概念，会同样发生变化和变形，我们不能把它们限定在僵硬的定义中，而是要在它们的历史的或逻辑的形成过程中加以阐明。"⑧因此，必须反对形而上学和教条主义，破除以往从关于社会主义经济的僵死定义出发的研究方法，而从实际出发，对经济改革中出现的新型经济关系做出理论概括；三、对以往的社会主义经济范畴必须进行扬弃，即批判地继承，改造旧范畴，创立新范畴。建立新的理论体系的难点和关键，在于建立新的经济范畴并组织成科学的体系，为此必须提出新的见解。"一门科学提出的每一种新见解，都包含着这门科学的术语的革命。"⑨经济科学同样如此。

一、新经济理论演进的内在逻辑

1.对社会主义商品价值构成的第一次修改

(1)自主联合劳动对社会主义商品经济的影响。

社会主义商品,是商品一般和商品特殊的统一。作为一般劳动过程范畴的商品,是用于交换的产品;作为社会经济形式范畴的商品,是不同社会性质的劳动产品。资本主义商品和社会主义商品的共性,都是用于交换的社会化劳动的产品。马克思指出了这种商品一般的性质:"作为商品进入流通的产品,不论是在什么生产方式的基础上生产出来的,——不论是在原始共同体的基础上,还是在奴隶生产的基础上,还是在小农民和小市民生产的基础上,还是在资本主义生产的基础上生产出来的——都不会改变自己的作为商品的性质:作为商品,它们都要经历交换过程和随之发生的形态变化"。②商品在这种共性基础上的根本区别,在于资本主义商品是雇佣劳动的产品,社会主义商品是自主劳动的产品。

一方面,社会主义商品的一般性,是由社会分工决定的。因为社会分工就是不同的有用劳动的体系,社会分工使生产者从事的有用具体劳动及所生产的使用价值成为单方面的;而生产者用于满足需要的使用价值是多方面的,要满足需要,就必须进行交换。用于交换的产品,就是商品,因而"分工使劳动产品转化为商品"③。马克思认为,作为一切商品经济基础的社会分工,是"生产力范畴的范畴",是"政治经济学的一切范畴的范畴"④。社会分工使一人为大家劳动,而大家为一人劳动。马克思说:"自从分工确立之后,属于某一个人的商品的交换价值,就表现为这个人所能买到的别人的商品,也就是表现为这些商品中包含的别人劳动的量,即物化了的别人劳动的量。而别人劳动的这个量等于他自己的商品中包含的劳动量"⑧。这同样是社会主义商品的共性。

另一方面,社会主义商品的特性,是由劳动的社会主义性质即自主劳动所决定的。自主劳动是奴役劳动的对立物,自主劳动就是劳动解放。本来,作为人类最基本的社会实践活动的生产劳动,是社会转动围绕的"太阳",劳动者是社会的主人。然而在私有制社会里,劳动发生异化,劳动者反而成为被奴役的奴隶。经过对剥夺者的剥夺建立的社会主义公有制,使劳动者重新成为社会生产的主人,"获得自己的充分的,不再受限制的自主活动,这种自主活动就是对生产力总和的占有以及由此而来的才能总和的发挥"⑧。社会主义制度消灭了劳动者受生产资料奴役的反常现象,"这样,生产劳动就不再是奴役人的手段,而成了解放人的手段"⑧,劳动普遍化,劳动者成为主体,劳动成为人的平等权利和人全面发展的需要,就是自主劳动的性质。社会主义社会在本质上就是自主劳动社会。因而,自主劳动关系,是贯穿社会主义经济体系的、最本质的联系。

自主劳动就是承认生产劳动中劳动者的主体地位,就是人支配物,而不是物支配人。自主劳动与雇佣劳动的根本区别就在这里。马克思强调指出:"如果工人居于统治地位,如果他们能够为自己而生产,他们就会很快地,并且不费很大力量地把资本提到(用庸俗经济学家的话来说)他们自己的需要的水平。重大的差别就在于:是现有的生产资料作为资本同工人相对立,从而它们只有在工人必须为他们的雇主增加剩余价值和剩余产品的情况下才能被工人所使用,是这些生产资料使用他们工人,还是工人作为主体使用生产资料这个客体来为自己生产财富"⑧。资本主义劳动即雇佣劳动,就是生产资料变成资本,作为生产的主体,来统治工人,工人沦落为生产的客体,处于被自己生产的产物统治的地位。资本家不过是资本的人格化,资本家统治雇佣工人,工人进行雇佣劳动。社会主义就是劳动解放,劳动者成为生产的主体,来统治和使用生产资料这个客体,为劳动者自己生产财富。生产资料公有制的确立,使生产资料变为劳动者公共的财产,真正成为自主劳动的物质条件。同时,劳动者成为自主劳动者,他们使用自己已经积累起来的劳动来追加新的劳动,为自己谋福利。所以,资本的统治,可以归结为物化劳动对活劳动的统治,即劳动异化;劳动者的统治,可以归结为活劳动统治物化劳动,即劳动解放。前者是雇佣劳动,后者是自主劳动。

资本主义劳动是雇佣的联合劳动,社会主义劳动是自主的联合劳动。在这里,联合劳动是共性,区别在于雇佣劳动和自主劳动。雇佣劳动和自主劳动是劳动的不同社会形式。联合劳动就是社会化劳动,"一旦人们以某种方式彼此为对方劳动,他们的劳动也就取得社会的形式"⑩。联合劳动是由分工的发展所造成并随分工而发展的。

社会主义经济体系中的产品,正是这种自主联合劳动的产品。这种产品由社会分工决定了要转化为商品。这种社会主义商品的特性,正是由劳动的社会主义性质即自主劳动所决定的。因此,社会分工决定社会主义商品的商品性质,社会主义生产关系决定这种商品的社会主义性质。资本主义商品是雇佣联合劳动的产品,而社会主义商品则是自主联合劳动的产品。

作为自主联合劳动产品的商品,它的社会主义性质,体现在商品价值的内部构造上,通常叫作商品价值构成。自主劳动的性质必然要体现在商品价值的特点上。因为价值是商品的本质属性,这种特点表现为价值的内部结构。价值的共性,是社会必要劳动时间的凝结,它并不能体现劳动的社会形式。作为自主劳动的产品,就决定了社会主义商品价值具有自己特殊的结构,即构成。这种社会主义商品价值的特殊构成,好比是社会主义经济细胞的基因。正如生物细胞的基因决定了发育完善的某种生物的庞大有机体的特性一样,社会主义价值构成的特点,决定了社会主义经济体系及反映这个体系运动的理论体系的特点。

(2)社会主义价值的特殊构成用公式应表示为:$W=c+(v+m)$

根据马克思的分析,劳动分为生产劳动与非生产劳动;生产劳动分为物化劳动与活劳动;活劳动分为必要劳动与剩余劳动。当产品转化为商品以后,劳动就表现为价值。因而价值公式$W=c+(v+m)$,就体现物化劳动(c)、必要劳动(v)、剩余劳动(m)。把必要价值当作一般必要劳动的凝结,剩余价值当作一般剩余劳动的凝结,商品价值(W)=转移价值(c)+必要价值(v)+剩余价值(m)。当然,这只是一个一般公式,然而却是扩大商品经济体系的理论基础。

在资本主义条件下,由于劳动是雇佣劳动,劳动力与生产资料一样是商品,一般必要价值转化为资本主义必要价值,形成"工资"即"可变资本"范畴。因而,这个一般公式转化为资本主义价值构成公式,即$W=c+(v+m)$。c是不变资本、v是可变资本、m是剩余价值。资本主义商品价值表现为资本价值加资本主义剩余价值。

在社会主义条件下,全部劳动获得了必要劳动的性质。社会主义必要劳动在实质上是自主劳动,是在生产资料公有制基础上的为劳动者自己的利益所进行的劳动。但是,由于必要劳动与剩余劳动的划分,是人类一切社会劳动的共性,因而社会主义必要劳动仍然应划分为两个部分:由必要劳动转化成的个人必要劳动和由剩余劳动转化成的公共必要劳动,相应地表现为公共必要价值(m)与个人必要价值(v)[①]。而且,因为是公有制,个人利益必须服从于整体利益。在公共必要劳动与个人必要劳动这对非对抗性的矛盾中,公共必要劳动居于矛盾的主导地位,因而个人必要劳动要服从公共必要劳动。这种关系,体现在社会主义必要价值内部的结构上,就是个人必要价值要服从公共必要价值的排列次序,这个次序为$(m+v)$,m在前而v在后。因为只有作了各种必要的社会扣除从而保证公有制生产的基础以后,才有个人消费资料的分配。因此,社会主义价值构成必须进一步修正为$W=c+(v+m)$的公式。

2.社会主义商品价值构成的第二次修改

在社会主义商品经济中,由于社会分工的存在,社会劳动成为间接的而不是直接的社会劳动,必须通过社会中各个具有独立经济职能的经济实体来实现,因而公共需要劳动划分为两个层次:全社会范畴的整体劳动和企业范围的局部劳动。公共需要价值(m)必须相应地划分为n_1和n_2两个部分。n_1表示公共需要价值中的国家需要价值;n_2表示公共需要价值中的企业需要价值。个人需要价值就是n_3,它体现个人需要劳动。自主联合劳动应该划分为整体劳动、局部劳动、个人劳动三个层次,统一于社会主义需要劳动。因此,社会主义必要价值(需要价值)可划分为三个部分,即$n=n_1+n_2+n_3$。这三个部分需要价值,体现自主联合劳动的三个层次;同时,它又体现了社会主义经济利益的三个层次,即n_1体现国家利益,n_2体现集体利益,n_3体现个人利益。这三个方面的利益统一于劳动者自己的利益。在根本利益一致的前提下,这三方面利益具有相对独立性,因而存在内部矛盾,必须统筹兼顾。正确处理这些内部矛盾,从而正确处理需要价值内部的n_1、n_2、n_3三者的关系,是社会主义经济管理的核心问题。因此,社会主义价值构成公式必须再进一步修正为$W=c+(n_1+n_2+n_3)$。

李炳炎认为,社会主义生产目的应落实到需要价值上。社会主义必要价值即需要价值正是满足劳动者整体、局部、个人需要的实体。需要价值不断增长,国家富强,个人幸福。需要价值日益减少,则国弱民穷。需要价值是自主联合劳动者按照社会主义生产目的的要求,所创造的新价值,是社会主义社会各种收入的源泉。需要价值表现为企业创造的净产值,其总和也就是国民收入。这部分价值,决定着社会基金、企业基金和个人消费基金的规模,制约整个积累与消费的水平。因此,需要价值正是满足需要的,它体现社会主义生产目的。生产、实现与消费尽可能多的需要价值,是社会主义经济的唯一目的和决定性的动机。为需要价值而进行的生产是无限的,这种无限性是由价值生产的本性,即追求同质异量的货币所决定的。可见,无限追求需要价值,是社会主义经济的出发点和归宿点,是社会主义经济运动的动力,由此我们可以看出,需要价值就成为社会主义经济的运转轴心。总之,需要价值是满足需要的,需要价值就是社会主义生产目的和决定性的动机。因此,李炳炎把社会主义必要价值叫作"需要价值"。这样就使社会主义生产目的更明确,落实到商品价值的一个部分上面,从而使社会主义生产关系与商品经济生产形式具体地统一在这一范畴中。同时,如把全部新价值叫作"社会主义必要价值",由于语法习惯的原因,容易使人感到似乎社会主义只有必要劳动而无剩余劳动,只有"必要"而无剩余,就不对称。因而,还是称作"需要价值"恰当。需要价值运动的规律即为需要价值规律。总之,"需要价值规律",将社会主义生产目的物化了,成为社会主义市场经济的基本经济规律。我们就可相应地把 n_1、n_2 称作"公共需要价值"中的"国家需要价值"和"企业需要价值",把 n_3 称作"个人需要价值"。

"资金"是一个一般劳动过程的范畴。它就是用于生产价值的价值。"资金"与资本主义生产关系结合,就成为体现资本主义社会经济形式的范畴,即资本。"资金"与社会主义生产关系结合,就转化为表现社会主义的社会经济形式的范畴,可以叫作"社本",即社会主义之"本",就是公有生产资料。这样,李炳炎又对社会主义价值构成公式做出了最后修正:$W=c+n(n_1+n_2+n_3)$。即社会主义商品价值等于社本价值加需要价值(包括公共需要价值和个人需要价值)。由于"需要价值",是自主联合劳动所取得的成果,所以表现为社会主义收入。社会主义商品价值又等于社本加收入。社会主义经济运动的目的就是追求收入(需要价值)。自主联合劳动者运用社本争取最大限度的社会主义收入(需要价值)的无限运动,是社会主义生产方式的绝对规律。

分析社会主义经济关系,要把商品的一般性同商品经济的一般性作为前提和基础。在《资本论》第一卷第一篇《商品和货币》中,马克思分析了这种一般性。马克思的劳动价值论应该成为社会主义经济的理论前提和基础。商品经济是社会化生产的自然生理体系,而价值规律作为商品经济的基本规律,就是商品经济的生理学原理。它们是属于一般劳动过程范畴,而与社会经济形式无关。马克思把商品经济称作为"社会分工制度"。⑨¹

但是,分析社会主义经济关系还要在承认商品经济一般的前提下,着重分析其特殊社会性质,即从社会主义商品的特殊价值构成出发。因为这个价值构成里面包含着全部社会主义经济关系的基本因素。在社会主义分享经济理论的公式 $W=c+n$ 中,价值 c 部分归结为社会主义成本价值,也叫作所费社本。而价值 n 部分则是需要价值,即社会主义收入。社会主义收入(需要价值)表现为商品价值中超过成本价格的增加额。社会主义收入(需要价值)作为全部预付社本的增加额,就转化为社本的产物,从而取得了需要价值的各种转化形式。

经济体制是以经济杠杆体系为基础和运转条件的,经济杠杆则是以经济范畴为基础的。从李炳炎对社会主义商品价值结构的分析出发,就有可能更新整个经济范畴体系。因为一切经济范畴是从 c、v、n 演变而成的,都不过只是 c、v、n 的不同排列组合和不同转化形式而已;又因为一切经济范畴都具有两重性:作为一般劳动过程的范畴和作为社会经济形式的范畴,亦即作为生产力的范畴和作为生产关系的范畴,而且是两者的统一。只要我们准确把握住经济范畴的共性,努力从实践出发去开掘经济范畴的特性,即社会性质,就有可能对原有范畴进行扬弃。只有从根本上更新范畴体系,新的理论体系才能建立。进而,就可以创造新的经济杠杆系统,建立新的经济运行机制。在此之前就着手建立经济运行机制,无疑是困难的。李炳炎所阐明的需要价值理论,由于按$c+n$公式确立了自主劳动、社本和需要价值三个社会主义经济的基本范畴,为整个新的经济范畴体系奠定了基础,因而可能是崭新的社会主义经济理论的一种探索。目前,李炳炎将它称为"中国特色社会主义分享经济理论"。社会主义商品价值构成公式$W=c+n,n=n_1+n_2+n_3$,重要的发现,使我们找到了社会主义经济范畴的社会性质的基因。因而这一公式就成为理解社会主义市场经济的社会性质的关键,从而使创建新范畴体系成为可能。

二、关于新经济理论总纲的进一步考察

李炳炎教授通过进一步的考察说明:完整的社会主义价值构成公式应该是$W=c+n,n=n_1+n_2+n_3$,它的外部形式为$W=h+d,d=d_1+d_2+d_3$,新价值或净产值划分为三个部分,而且排列次序既定。这样,就进一步完善了社会主义价值构成公式。

1.社会主义新价值的三部分划分及其次序

社会主义实践的崭新经验证明,社会主义经济中必须长期坚持兼顾国家、集体与个人三者利益的国民收入分配原则。这是正确处理人民内部矛盾的重要方面。

毛泽东同志在《论十大关系》中明确指出:"总之,国家和工厂,国家和工人,工厂和工人,国家和合作社,国家和农民,合作社和农民,都必须兼顾,不能只顾一头。无论只顾哪一头,都是不利于社会主义,不

利于无产阶级专政的。这是一个关系到六亿人民的大问题,必须在全党和全国人民中间反复进行教育。"在这里,毛泽东同志把正确处理社会主义国民收入分配问题的原则,概括为正确处理"国家、生产单位和生产者个人的关系"的原则,提出了必须把"三兼顾"作为我国财政分配的指针。后来,他在《关于正确处理人民内部矛盾的问题》中,更明确地指出:"在分配问题上,我们必须兼顾国家利益、集体利益和个人利益。"

毛泽东同志提出的这一分配原则的重大理论意义,就在于它是马克思关于社会主义社会总产品分配理论的具体应用,就在于它正确地反映和处理了社会主义经济中客观存在的公共必要价值与个人必要价值的矛盾。

马克思在《哥达纲领批判》中制定了社会主义社会总产品分配的原则。马克思明确指出,社会主义社会总产品的分配,必须首先扣除补偿消费掉的生产资料那部分产品即补偿基金,再对余下的价值产品即国民收入进行分配。在分配这部分产品或新价值时,又首先必须进行必要的社会扣除,扣除劳动者为社会提供的产品即社会基金。这些必要的社会扣除包括:用于扩大再生产的积累基金;应付不幸事故和自然灾害等后备基金;公共福利基金,包括学校和保健设施等共同需要的基金、为丧失劳动能力的人设立的救济基金。马克思强调指出,只有在进行这些社会基金的扣除之后,"才谈得上在集体的个别生产者之间进行分配的那部分消费资料",即个人消费基金的分配。

在一定时期(一般是一年)内,社会生产的物质资料的总和,构成社会总产品。如果在商品经济条件下,则社会总产品都表现为商品,因而具有价值。社会总产品扣除了补偿预付的、并在产品生产中已经消耗掉的生产资料的价值部分和由这个价值部分表现的产品部分以后,所余下的价值部分和与之相应的产品部分(即价值产品),就是国民收入。所以国民收入就是一定时期内社会全体劳动者所创造的价值(李炳炎认为,非物质生产部门的生产劳动同样创造新价值。但为了分析简便,这里暂且不谈这个问题)。根据马克思的观点,分配关系是生产关系的一个方面。分配关系表现社会生产关系的性质,同样具有历史暂时性。因此,社会主义经济与资本主义经济在国民收入分配方面体现出本质区别,即表现出不同的社会性质。

在资本主义制度下,国民收入的构成在价值形式上是社会总产品价值中的新价值部分,即$v+m$部分。新价值的分配是由生产资料的资本主义私有制所决定的。剥削阶级集团凭借对生产资料的占有而获得国民收入的大部分。广大劳动者则只能得到其中的一小部分。资本主义国民收入的初次分配和再分配,就是形成不同阶级的各种收入的过程。雇佣工人阶级以工资形式得到由自己的必要劳动所创造、相当于劳动力商品价格的那部分新价值,即v。资本家和土地所有者则以利润、利息、地租的形式,无偿占有瓜分了由工人阶级的剩余劳动所创造的那部分新价值,即m。国民收入的资本主义分配如图6.1所示:

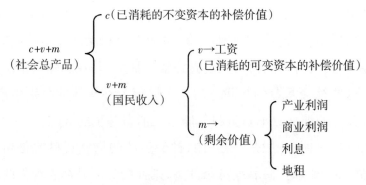

图6.1　国民收入的资本主义分配②

可见,在资本主义条件下,新价值的划分次序是既定的,即$v+m$,v在前,m在后。所以,在资本主义商品价值中,各个价值部分排列的次序是：$c,v,m,W=(c+v)+m$。

在社会主义制度下，国民收入在价值形式上同样是社会总产品价值中的新价值部分，李炳炎称作n。新价值n的分配是由生产资料的社会主义公有制决定的。劳动人民创造的新价值全部归全体劳动人民占有，国民收入的分配完全服从劳动人民的利益。由于这种利益分为整体利益、局部利益和个人利益，国民收入在量上就必须划分为代表三部分利益的相应的三个部分。社会主义国民收入的初次分配过程，就是形成三种不同的收入的过程。第一种收入是国家收入，代表劳动人民的整体利益；第二种收入是企业收入，代表自主联合劳动组织的利益，即劳动人民的局部利益；第三种收入是个人收入，代表自主劳动者的个人利益。这三种收入，是国民收入划分的三个部分（用n_1，n_2和n_3分别表示）。国民收入的社会主义分配如图6.2所示：

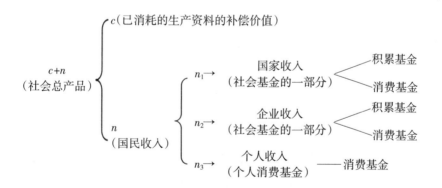

图6.2　国民收入的社会主义分配[①]

可见，在社会主义条件下，国民收入划分的次序也是既定的，首先必须划出n_1，其次必须划出n_2，最后留下的才是n_3。三者的划分次序是第一、第二、第三。因而，社会主义新价值的三个部分及其划分次序是：n_1,n_2,n_3。所以，社会主义商品价值中各部分排列的次序是：c、n_1,n_2,n_3；$W=c+(n_1+n_2+n_3)$。

社会主义新价值划分的特点,对于完善社会主义价值构成公式具有重要意义。

2.社会主义价值构成公式的进一步完善

由社会主义实践所决定的社会主义新价值的划分,使李炳炎必须进一步修正社会主义价值构成公式。

根据马克思社会再生产原理,社会总产品的价值分为c,v,m三部分,由$c+v+m$组成。在资本主义条件下,c是不变资本的价值,v是可变资本的价值,m是剩余价值。在社会主义条件下,由于客观上社会主义生产仍然是有计划的扩大规模的商品生产,因而社会主义社会总产品不仅具有实物形态,同样具有价值形态。社会总产品的价值,仍是由c、v、m三个部分构成,只不过c、v、m具有社会主义本身的特性,从而区别于资本主义条件下的c、v、m的特性。

马克思所讲的社会主义社会总产品分配的原理,我们可以概括如下:一方面,从社会总产品的实物形态来看,首先扣除用于补偿生产资料消耗的那部分产品;其次扣除劳动者为社会提供的那部分产品;然后将余下的这部分产品,在劳动者个人之间按照劳动的数量与质量进行分配。另一方面,从社会总产品的价值形态来看,先扣除c,然后扣除m,最后按劳分配v。在这里,c是再生产中旧价值的转移,它属于社会生产的补偿基金。m是劳动者为社会提供的劳动所创造的新价值,包括社会主义的积累基金、管理基金、公共福利基金三部分,总称"社会基金"。v是劳动者为个人提供的劳动所创造的新价值,即个人消费基金。从以上两方面可以看出,社会主义社会总产品的分配,第一、第二、第三的次序是既定的,不能任意颠倒。只有按这种既定的次序分配,才能保证社会总产品的实现,即实物形态的替换和价值形态的补偿,从而保证社会再生产的顺利进行。

　　从以上分析可以看出，社会主义社会总产品价值构成具有三个特点：第一，c、v、m各自的内涵已和其在资本主义生产中的内涵不同。第二，各部分价值的排列次序不同，在社会主义生产中是c、m、v；在资本主义生产中是c、v、m。第三，社会总产品价值内部结构不同，社会主义的v和m都是劳动者创造并占有的新价值，因此两者可以结合，即$(v+m)$；资本主义的c与v都是资本，结合为$(c+v)$。

　　社会总产品的价值构成与再生产过程中的商品的价值构成是一致的，这是没有问题的。还有一点必须指出，有人认为马克思当时是不承认社会主义有商品生产的，在这个前提下，就不能承认"社会主义社会总产品价值"这一概念。李炳炎认为，且不说客观事实证明了社会主义商品生产存在，即使在《哥达纲领批判》中，当时马克思也已经认为可以有这一概念。这就是他所说的社会主义"产品的价值"或"产品的总价值"，以及"劳动新添加在消费掉的生产资料的价值上的那部分价值"即社会主义国民收入这样两个概念。因此，我们完全可以做出以上那样的分析。

　　在社会主义条件下，生产资料变成了公共的财产，由劳动者掌握为自己谋利益。劳动因而成为社会劳动。社会产品的任何一部分都不为剥削者无偿占有。因此，全部社会劳动都获得了必要劳动的性质。社会主义的劳动对于全体劳动者来说都是必要的，都是必要劳动。社会主义必要劳动应该区分为公共必要劳动与个人必要劳动两部分。在社会主义中，既然社会总产品仍然是商品，那么公共必要劳动表现为公共必要价值，个人必要劳动表现为个人必要价值就是必然的事情。个人必要价值要服从于公共必要价值。在这一对矛盾中，公共必要价值居于主导地位。因为只有先扣除社会基金之后才有个人消费基金的分配。这是由社会主义生产资料公有制的性质所决定的。社会主义生产是通过和依赖社会才能进行的社会化生产，不是孤立的、私人的生产，因此必须首先保证社会生产所必需的物质条件。这是公共必要价值的职能。它是个人必要价值存在与发展作用的前提与基础。这种公共必要价值和个人必要价值及其矛盾，是剩余劳动一般和必要劳动一般及其矛盾在社会主义条件下具体的特殊的表现形式。

根据上述分析，我们可以得出社会主义社会总产品价值构成的公式：

$W=c+(m+v)$，$m+v=n$；所以 $W=c+n$。

在公式中，W 代表社会总产品价值；c 代表补偿生产资料耗费的价值；m 代表公共必要价值，v 代表个人必要价值；n 代表新价值总和，即国民收入（n 取国民收入一词英文第一字母）。

这个社会主义社会总产品价值构成公式，表现了社会主义生产关系的性质。第一，生产资料已经不再成为不变资本，而变成社会主义资金，成为劳动者进行劳动的手段；第二，公共必要价值体现了社会积累与消费的需要，不同于资本主义剩余价值所代表的剥削关系；第三，个人必要价值不再是劳动力的价值，不再体现雇佣劳动的关系，而直接体现社会主义劳动者为自己劳动的性质。它的范围大大扩大，包括劳动者及其家属生存、发展、享受所必需的消费资料的价值，用以直接满足他们日益增长的需要。

上述社会主义社会总产品价值构成公式，就是我们前面所说的社会主义商品价值构成公式 $W=c+n$。区别在于新价值划分的次序。李炳炎把原先的 $n=v+m$，已进一步写成 $n=m+v$。现在，根据上述关于社会主义新价值划分的分析，即 $n=n_1+n_2+n_3$，就是必须把它写成 $n=m+v$。（再用 v 和 m 表示，容易产生混淆，虽然我们已经区别了社会主义条件下和资本主义条件下商品价值中的 v 和 m）。

根据以上分析，就可以进一步得出社会主义商品价值构成的完善公式：$W=c+n$，$n=n_1+n_2+n_3$。

在公式中，W代表社会主义商品的价值；c代表已经耗费的生产资料的补偿价值或物化劳动的转移价值；n代表活劳动所创造的新价值，或新加劳动时间的凝结；n_1代表公共必要价值的一部分；n_2代表公共必要价值的另一部分；n_3代表个人必要价值。在这里，公共必要价值已划分为n_1和n_2两个部分，这是由于自主联合劳动是既在社会范围进行，又在企业范围进行所致。自主劳动者的公共利益必须划分为社会利益与企业利益两部分，因而公共必要价值必须一分为二。

社会主义商品由两部分构成，与新价值划分是两回事。假设商品价值500，依不同情况可以有不同划分。可以是$500W=200c+100n_1+100n_2+100n_3$，也可以是$500W=200c+50n_1+50n_2+200n_3$。因为，社会主义商品价值构成是$W=c+n$，而实现后的价值划分是$W=c+(n_1+n_2+n_3)$。

经过修正后的社会主义商品价值构成公式，其外部形式表现为：$W=h+d, d=d_1+d_2+d_3$。在这里W代表销售收入，即已实现为货币的商品价值；h代表新概念成本；d代表企业取得的净产值；d_1代表国家收入；d_2代表企业收入；d_3代表个人收入。$h+d=$资金$+$收入。同时可见，社会主义商品的价格，是由资金和收入这两部分的内容所构成的。

三、关于建立中国特色分享经济理论体系的探索

李炳炎首先论证了成本是c，在$W=c+n$公式中，先解决掉前面部分即c的问题（《新成本论》一书即是解决c的问题，c指所费社本，它转化为社会主义成本价格）。现在再来论证$c+n$中n的范畴，李炳炎把它叫作"需要价值"，便是顺理成章之事。当新公式（社会主义商品价值=社本+需要价值）确立之后，便可以提纲挈领，纵览新体系的全局，避免种种矛盾。《需要价值理论》在卓炯的以社会分工为基础的彻底的商品经济论基础上贯彻了这一价值构成新公式，形成一个崭新的社会主义理论经济学体系。

继《新成本论》中首先提出"需要价值"范畴之后，1986年李炳炎在长篇论文《需要价值理论是社会主义经济的理论基石》中提出关于这种体系的基本构想，把需要价值作为理论体系的主线。卓炯读了该文的打字稿之后，在1986年5月12日致李炳炎的信中充分肯定并给予高度评价，说看了很兴奋。在李炳炎的序言中，李炳炎加了一段话：作者是根据卓炯的社会分工论和一般与特殊的方法论进行探索的，但在这两点上有新的发展。过去一般只把雇佣劳动和联合劳动对立起来，以区别资本主义和社会主义，他区分为雇佣的联合劳动和自主的联合劳动，简称雇佣劳动和自主劳动。第二，他把作为一般的必要价值提升为社会主义的需要价值，这就把满足需要和价值增值统一起来了。李炳炎理解，卓炯所说的"作为一般的必要价值"是指他把必要价值作为一般劳动过程范畴来使用，"提升为社会主义的需要价值"，是指李炳炎把它当作更高层次的范畴，即穿上了社会主义生产关系的外衣，当作特殊的社会经济形式范畴来使用了。这一点正与他的思想合拍，所以他读了"很兴奋"。有人会问：必要价值是卓炯首先提出的，他为什么又要否定？主要是因为卓炯为了全面贯彻他的一般与特殊的方法论而需要不断更新有关观点。他对"必要价值"有一个从肯定到否定的认识过程。以"需要价值"代替"必要价值"，以"自主劳动"代替"联合劳动"，只是李炳炎根据卓炯的方法论所做的一点发挥。

尽管这样，李炳炎觉得尚不满意。要构成一个理论基础坚实的新颖的体系，还必须进一步探寻。从哪里入手呢？仍然要从新的价值构成公式（$W=c+n, n=n_1+n_2+n_3$）入手。这是《新成本论》的立足点，同样是《需要价值理论》立论的基础。传统的社会主义经济理论以公有制为出发点和主线、以产品经济模式为依据。这种旧体系与社会主义计划商品经济是格格不入的。如何突破这个旧框框的束缚？在《新成本论》中，李炳炎已经找到了建立新的体系的有效途径或思路。这就是通过分析商品经济的基本细胞,找出社会主义商品经济的基因——社会主义商品价值构成,从这里出发,奠定范畴的体系的基础。社会主义经济与资本主义经济都是商品经济,但商品经济有共性与个性。商品经济的社会主义特性体现在价值的内部结构上,这就是说,价值构成$c+(v+m)$与$(c+v)+m$的区别集中概括了社会主义与资本主义的区别。公式$(c+v)+m$表现的是雇佣劳动关系,价值表现为资本和无酬价值;公式$c+n$表现的是自主劳动关系,价值表现为社本和需要价值。需要价值体现了社会主义生产目的,并表现为社会主义劳动过程中社本价值的增值,它成为社会主义再生产运动的核心,自然成为新体系的主线或主体范畴。正因为这样,李炳炎愈加认识到应进一步深入论证这个新的价值构成公式,使之牢牢地建立在马克思经济理论的基础上。

李炳炎运用卓炯关于经济范畴两重性观点和一般与特殊的方法论分析上述范畴,理出了“收入—价值—劳动—利益—需要”的线索。社会主义社会各种收入无不来源于社会主义劳动者创造的新价值(需要价值);价值是劳动创造的,需要价值是由社会主义劳动(需要劳动)创造的;劳动是为利益的,自主联合劳动是追求社会主义利益(自主利益);劳动是满足需要的手段,自主联合劳动是满足社会主义需要(自主需要)的手段。由此可见,整个理论体系的出发点或起始点范畴,应该是需要范畴。李炳炎把需要的社会主义形式叫作“自主需要”,同样,把利益的社会主义形式叫作“自主利益”。需要价值理论从需要讲起,就顺理成章了。因此,社会主义经济的主要矛盾就是需要(自主需要)增长与生产力不发达的矛盾,这个矛盾决定了发展生产力是社会主义的根本任务。整个理论体系的目的是为了发展生产力,富国裕民,但要通过完善社会主义生产关系(自主劳动关系)来促进生产力发展。发展生产力的任务是通过需要价值规律的作用来实现的。社会主义商品经济不断发展,需要价值不断增长,社会主义财富不断增长,需要价值不断增长。这就为实现共产主义准备了条件。所以,共产主义就是商品经济充分发展、需要价值规律充分发挥作用的必然结果。

需要价值是体系中最重要的范畴。所以,如何论证v与m合二为一,转变为n,是个关键。在这个问题上,李炳炎从马克思的理论中得到了两点启示,大大有利于李炳炎的理论发掘工作的进展。第一点,v与m既然来自价值,价值来自劳动,劳动来自需要,那么要从需要这个"根"上动刀。马克思关于公有制下的必要需要(v)与奢侈需要(m)对立消失的观点,无疑是(v)与(m)合二为一的有力论据。第二点,马克思把必要需要与必要劳动相联系,这一点很重要。马克思认为,公有制下,当需要发展到这种程度,以至必要劳动与剩余劳动发生融合,这就启发我们把需要的两个部分与劳动的两个部分相联系,建立自主劳动范畴。

经过艰苦探索,李炳炎终于形成社会经济范畴系列,把五组范畴分为三对[34]。通过这种区分,第一,李炳炎进一步论证了$W=c+n$的公式,这是因为揭示了社会主义商品价值中v与m合二为一的必然性。第二,李炳炎论证了$n=n_1+n_2+n_3$这一公式。这是因为社会主义公有制条件下,需要、利益、劳动、价值和收入,都具有三层次划分,李炳炎称之为"三三制"。这是公有制商品经济的特点,在私有制下是不存在的。现在的这种论证,为社会主义的新的价值构成公式奠定了坚实的理论基础,从而为中国特色社会主义分享经济理论建立了牢固的深刻的理论基础。

建立新体系的另一个难点,是需要价值的转形问题。

马克思《资本论》中的价值转形如下:

$$c+v \to k, m \to p; m' \to p', p' \to \bar{p}'; p \to \bar{p};$$
$$W=c+v+m \to W=k+\bar{p}$$

需要价值的转形如下[⑤]：

$$c \to h, v+m \to n; n' \to d' \to F', n' \to d', d' \to \bar{d}', F' \to \bar{F}'; d \to \bar{d}, F \to \bar{F}; W = c+v+m = c+n = h+d = h+F = h+\bar{d} = h+\bar{F}$$

这里，h 为新成本价格；d 为净产值；F 为净收入；n' 为需要价值率，$n'=n/c$，d' 为净产值率，$d'=d/c$；F' 为净收入率，$F'=F/c$；$\bar{n}'$、$\bar{d}'$、$\bar{F}'$ 分别为平均需要价值率、平均净产值率、平均净收入率；$\bar{n}$、$\bar{d}$、$\bar{F}$ 分别为平均需要价值、平均净产值、平均净收入；$h+\bar{d}$（或 $h+\bar{F}$）即是新生产价格。用公式表示：$\bar{W}=h+\bar{d}$（或 $\bar{F}$）。它是社会主义市场经济中商品价值（$W=c+v+m$）的新的转化形式。

对比一下，可以看出：剩余价值转化为利润的过程和利润平均化过程，在需要价值转形中不存在。在需要价值转形中，需要价值也有个平均化过程和具体化过程，但由于 c 成本价格不变，需要价值贯穿始终。关于这一点，在建立社会主义理论经济学体系中一直是个难以解决、尚未解决的问题。因为 v 不能看作所费资金。以往的教科书套用斯大林的产品经济理论体系，根本不提 $W=c+v+m$。最近有所突破，但仍不能自圆其说。不论把 v 称作"劳动资金"，还是把 v 称作"活劳动资金"（活劳动不是价值，何来资金？）都主张进入成本价格，这必然与"必要价值"或所谓"社会必要产品"自相矛盾。只有坚持 m 的一般与特殊，才能解释 m 的转形过程，但必须以劳动力商品为前提，而这又与劳动的社会主义形式（自主劳动）相矛盾。这个社会主义条件下的转形问题，在需要价值论中得到了较为理想的解决。因为需要价值直接参加平均化，不需要再由 $m \to \bar{p}$ 的转化，因而避免了上述矛盾。

顺便还应指出两点：一是社会主义价值有无平均化；过去讨论生产价格，是将它作为计划价格的定价基础的。这就使生产价格成为主观的东西，而平均化应是客观竞争的产物。所以，所谓资金利润率、成本利润率等失去了客观基础，只能作为参考数据，这是因为价格由主观计划来确定,带有很大的随意性。生产价格必须在竞争中形成,前提条件是资金和劳动力的自由转移。这些条件目前并不具备。但是,随着社会主义市场经济的发展和市场体系的建立和健全,这个平均化过程必然会出现,问题是如何说明它。根据新理论体系自身的逻辑推理,必然有需要价值的平均化。二是 v 的平均化问题。因为在需要价值(n)的平均化中,已经包含有 v 的平均化(这在 m 的平均化中是不存在的)。v 的平均化,至少可以说明自主劳动者收入的平均化,以便更好地组织起来从事大规模的商品生产。当然,由于实行二次按劳分配,理应承认劳动收入的差别。总之,李炳炎教授提出了一种新的转形理论,建立了新生产价值理论。

第七章　中西方分享经济理论代表性观点的比较

一、中西方分享经济理论代表性观点之内容不同

1.中西方分享经济理论的理论来源不同

威茨曼的西方分享经济理论实践来源是利润分享思想。利润分享思想在人类早期的经济生活中就已经存在，威茨曼提出分享经济思想，是从日本的劳工制度得到启发的。日本劳工制度的特点，一是终生雇佣制，二是奖金制度，奖金与工资分开，与利润挂钩。从19世纪末起，利润分享制度开始在企业管理中应用。第二次世界大战以后，西方各国政府纷纷从法律的角度规定了工人参加企业管理的权利。在理论渊源上，20世纪60年代，"民主的资本主义"者、美国著名的公司和投资金融律师路易斯·凯尔索对员工持股计划的理论和建议做了论述。他的两部著作：《资本家宣言：如何通过借贷使800万工人变成资本家》和《两要素理论》⑩，被公认为是关于利润分享思想的经典之作，对薪酬理论的发展产生了重要的影响。正是在这些理论与实践背景下，威茨曼从日本的劳工制度得到启发，提出了分享经济理论。

中国公有制分享经济观的理论渊源在于《资本论》中关于社会主义商品成本范畴的一个直接论述。在这一段论述中，马克思指出社会主义商品成本的经济实质，是"已经消耗的生产资料的成本价格"⑪。这

一段分析表明,社会主义商品价值由物化劳动转移价值和新价值两部分构成,新价值包括工人的工资和工人为自己占有的剩余价值。公有制分享经济理论的实践来源,是20世纪70年代中国农村实行的联产承包责任制所引发出的新的经济思维。安徽凤阳小岗村联产承包责任制的分配方案规定:生产所得的农产品除了扣除补偿消费掉的生产资料和扣除各项社会基金(包括用于扩大再生产的基金、后备基金、一般管理基金、公共福利基金等)外[®],剩下来的那部分产品直接归农户所有。如果由价值构成公式表示,则$W-c-m=v$,或$W-c-n_1-n_2=n_3$。式中,W为总产品的价值,c为生产中消耗的生产资料的价值,m为公共需要价值,v为个人需要价值,n_1为国家需要价值,n_2为集体需要价值,n_3为个人需要价值。这一价值构成公式,是公有制分享经济观的理论核心。农村联产承包制中的这一分配公式在20世纪80年代初,中国城市集体企业改革中被发展成为"除本分成制"的分配方法,它直接构成了公有制分享经济观的方法论基础。"除本分成制"的具体做法就是从企业每月的销售收入中,扣除职工工资以外的一切成本支出以后,剩余部分为企业的纯收入;将纯收入按上级核准的比例分作两部分:一部分为企业分成额(应上缴的所得税和合作事业基金包括在内),另一部分为职工工资总额。工资不包括在成本中,实行工分制浮动工资,职工收入随企业经营好坏、个人劳动多寡与质量好坏而浮动。

从广义的社会主义分享经济理论来看,国家、企业和个人不仅分享生产过程的结果,而且作为调控者、商品或服务的提供者和商品或服务的使用者这三种信息传递的主体,在社会主义市场经济条件下,实现上行信息和下行信息的多渠道共享。

2.两者的研究方法不同

威茨曼的理论通过新古典的研究方法展开,可以借用威茨曼的新古典研究方法,根据情况改变其中变量,用以证明自己的观点。首先应该看到的是,各种分析方法都有自己的优势。李炳炎通过对《资本论》的研究,运用理论研究的方法和类比的方法,开创与资本相对应的社本理论。威茨曼利用新古典研究方法研究利润分享对总产出、价格水平和就业方面的影响。笔者认为,只要立场和指导思想不变,可以灵活运用各种研究方法。威茨曼的分享经济理论的核心是提出基本工资加上利润分享的分配方程:

$$W(L_i)=\omega+\lambda\left\{\frac{R_i(L_i)-\omega L_i}{L_i}\right\}$$

ω 为基本工资率,λ 为利润分享系数。笔者认为李炳炎的彻底的分享经济理论,在威茨曼的研究框架中可以体现为基本工资率$\omega=0$的情况。威茨曼的理论还论证了,如果基本工资率为零,将产生无限大的劳动需求,宏观经济实际产能就可以达到潜在GDP的水平。可见根据威茨曼的理论框架同样可以得出支持李炳炎理论的结果。

3.两者的立场不同

中西方的分享经济理论的立场不同,指导思想不同,这也是这两种理论的根本不同。

公有制分享经济理论以科学的劳动价值论为基础。从社会主义商品的这种特殊的价值构成出发,通过改革分配制度,实现按劳分配以巩固壮大公有制,使劳动者致富,为劳动人民的共同富裕服务。李炳炎的分享经济理论以社会主义以人为本作为指导思想,以共同富裕为目标,提出需要价值理论,为普通劳动者利益服务。

而威茨曼的分享经济理论,是以维护资本利益为指导思想,西方分享经济理论以资产阶级主流经济学为基础,通过分享制调整资本主义生产关系,为挽救资本主义私有制服务。其直接目的是解除资本主义经济滞胀危机，甚至把工人对工资的要求当作滞胀产生的原因，因此不可能赋予劳动者应得的收益权，不可能做到彻底的分享。

两个理论的立场对立主要体现在以下几方面。

（1）个人与集体关系不同。

西方分享经济理论中的个人与集体利益是此消彼长的关系。主张分享制度应通过可变的收入和稳定的就业（刚好与工资制相反）来发挥作用，通过降低单个工人收入，来保持厂商收益，从而打消厂商裁员的意愿，保持就业率。威茨曼对分享经济的关键定义与劳动成本的行为有关。威茨曼把分享经济定义为[②]:随着就业上升，厂商的单位劳动成本下降，即总薪酬对就业的弹性小于1。分享经济的目的在于把弹性降到1之下，或者使得劳动的边际成本小于劳动的平均成本，在劳动的平均成本等于劳动的边际产品收益时，厂商有增加雇佣劳动的倾向。然而，厂商能获得的利润减少是不争的事实，威茨曼建议对分享收入给以税收优惠（tax break），利润和收益都在此列。另外，他想撤销某些经济组织享受税收优惠的资格。比如，合伙企业通常有分享系统而不需要税收优惠。威茨曼建议限制税收优惠的是那些其所有者不是雇员的情况。他把公众交易公司归入此列。这些公司分享型收入的一半应该免税。根据威茨曼的理论，税收来自消费者和厂商。因此，为使厂商获得利润不变，无异于用公众自己缴纳的税金，透过企业的所谓利润分享制度，以所分得利润的形式重新回流到公众手中。与在工资制度中减税财政政策实际是一样的。

而李炳炎的公有制分享经济理论是基于"利益分享"这样一种新的经济观，即社会主义分享经济观，使个体利益的实现与整体利益的实现紧紧地联系在一起，在它们之间建立起一种共同消长而不是此消彼长的新关系。李炳炎认为中国的充分就业不全是通过市场机制，劳动报酬制度难以对企业就业量起特殊作用，他认为净收入分成制不能带来就业量的变化,只能通过真正实现按劳分配调节个人劳动收入的变化来起作用。这种"利益分享"的新经济观突破了"利益独占"的传统经济思维方式的束缚,既不同于资本独享利益的"利益独占"思想,也不同于国有制的大一统的"整体独占"观,利益分享的新经济观不仅强调各经济个体有其特殊的经济利益,还致力于在个体经济利益与整体经济利益之间建立起一种新的协调的利益分配关系。

解决这个问题的关键在于建立这样一种利益分享制度,使个体利益的实现与整体利益的实现紧紧地联系在一起,在它们之间建立起一种共同消长而不是此消彼长的新关系。这种利益分享制度的主要内容是,在一个特定的时期内,由各种经济主体按照一个既定的比率去分享经济发展所取得的成果。每一个体所获利益的绝对量将取决于成果总量的增长和分享比例这两个因素。在这个过程中,各经济主体的任务是如何扩大总量,而政府的责任则是公平地确定这个分享的比例。由于这种分享不是对总量的一次性分享,而是对每一边际增量的逐次分享,它能够使经济个体在其增产的每一个量上看到自己的利益,从而极大地刺激其增产节约的积极性。这种分享也不只是在整体层次上的分享,它是多层次的。在社会经济活动的每一层次上,各经济主体均可实行利益分享。这种利益分享制度的一个显著特点,就是使每一个经济主体都能与代表国家整体利益的政府和代表局部利益的生产集体分享利益、分担风险。它使每一经济主体都拥有自己的权力、责任和利益。在追求利益的动力和回避风险的压力下,每个主体的活力都得到了极大的增强。利益分享通过肯定利益的多元性和对利益追求的多样化,促进经济决策和经济生活的民主化,给社会主义经济发展注入新的活力。

（2）两者对待劳动者的态度不同。

威茨曼的理论在处理劳动和资本的关系时,对于劳动者的利益维护不够。威茨曼承认,在经济繁荣时,固定工资制度有其有利的一面,它自动地把劳动力从边际价值低的地方转移到高的地方,可以刺激劳动力的有效转移,从而成为在各种不同的职业需要中合理配置劳动力的理想工具,此时厂商自然选择工资制。然而在经济衰退时,根据威茨曼的理论,"滞胀"被归咎为工资的刚性,似乎经济的衰退是由工人的工资太高造成的。工人的人均收入与企业的产量、就业量以及收益之间存在着反相关的关系。因此,在实践中,企业总工资额、总收益、总利润都会因为就业量增加而上升,而工人的人均收入则会下降。在是否选择威茨曼的分享经济理论时,工人面临的选择,要么是冒丢掉工作的风险坚持固定工资制度,要么是实行威茨曼的分享经济制度保住工作但减少收入,不论怎么选都是对工人利益的侵害。

而李炳炎认为,公有制分享经济理论所主张的净收入分成制依据的是"按劳分配"的原则,工人的报酬直接与自己的劳动量和企业的经济效益相联系,多劳多得,少劳少得,不会在现实的分配过程中造成工人收入与企业效益呈反方向变动的情况。而且,不论在经济繁荣或者经济不够景气的时候,李炳炎的理论都能够起到保护劳动者利益,调动劳动者积极性的作用。

4.两者对实现公平的作用是不同的

应该看到,威茨曼的分享经济理论是为了继续维护资本主义制度,克服滞胀而提出的旨在改变劳动报酬分配制度的一种微观经济理论,虽然它在形式上构成雇员和资本家共同分享利润,但其实质仍然是按资分配,不可能真正实现公平的收入分享。这一点国内学者姚海明早已做过分析:"威茨曼始终把劳动的边际价值作为确定分享比例的依据,无论是完全分享还是混合分享,工人的收入只能相当于劳动的边际价值。如果增加工资,那么哪怕是增加一个美元,由于新工人的不断涌入,企业产量的不断增加,在市场经济的作用下,工人的工资也会降下来,直到恢复原来的工资水平;如果减少工人的工资,工人就会离开公司,导致在业工人劳动的边际收益增加,迫使公司把工资恢复到原来的水平,否则公司将无法维持它所需要的劳动量。由此可见,威茨曼的分享经济制度仍然是围绕着萨伊的工资铁律展开的,他所提出的分享收入方案,只不过将原来直接按劳动的边际价值确定每个工人的工资额,改为按公司总收入的比例来分发工资。工人没有多得到一分钱,资本家也没有少拿一个子。"[⑩]而李炳炎提出的公有制净收入分成制则不同,因为社会主义生产资料公有制的性质和按劳分配的本质要求就是企业劳动者集体决定做了必要的社会扣除以后的新价值的分配,因此实现真正的收入分享是顺理成章的。净收入分成制是在社会主义公有制以及按劳分配条件下对新创造价值的分享,它使国家、企业和职工三者结成了利益共同体,在追求共同利益的动力驱使下,做大"蛋糕",实现国家、企业和个人三者之间真正意义上的利益分享,这是威茨曼分享经济理论所无法比拟的。

二、中西方分享经济理论代表性观点之研究目的不同

1.威茨曼分享经济理论的研究目的

威茨曼的理论从解决当代资本主义"滞胀"的经济顽症这一目标出发,以寻找"滞胀"的原因为目的,侧重于分析分享制度对解决就业和通货膨胀问题的缓解作用。可以看出,推广分享经济制度是不得已而为之。从利润分享制度的发展上来看,利润分享计划的实施数量,与罢工事件的数量有着密切的联系(见图7.1),利润分享明显带着抑制工会运动、调节劳资纠纷的目的。

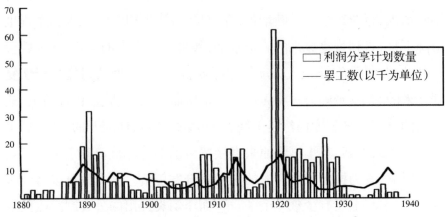

图 7.1 英国利润分享计划实施数量与罢工事件数量[①]

（1）滞胀的概念和产生原因。

滞胀即英文词汇Stagflation，它由Stagnation（经济停滞）和Inflation（持续性物价上涨）两个英文词汇组合而成，用于表述今天资本主义世界经济停滞和物价持续上涨同时并存的经济状况。

从20世纪50年代末到80年代前半期，整个资本主义世界经济的趋势已经无可争辩地证明，"滞胀"绝非像某些学者所力图证明的，仅仅是什么石油冲击或货币管理一时出了毛病引起的偶然现象。到了今天，经济学家差不多全都认为"滞胀"是资本主义经济危机的表现形式，只不过有的认为它是一种周期现象，有的认为是一种结构性持续现象，有的认为是周期现象和结构性持续现象相交织的综合现象。

资本过剩积累是"滞胀"产生的基础，"滞胀"是资本过剩积累的现实表现形式，而这种资本过剩积累又靠持续的物价上涨来维持。因此，关于"滞胀"产生原因的种种议论也因对资本过剩积累产生原因的认识不同而有所不同。而资本过剩积累的发展，又必须以经济危机的理论来说明，因此，关于"滞胀"产生的原因又因对经济危机理论的理解不同而划分为各种不同的学说。这些学说主要有：

"长期停滞论过低消费"说。认为资本主义世界正在走向长期经济停滞，原因主要是长期高速增长本身产生的反作用。即：第一，在持续的高速增长过程中，设备折旧费大量地超过了补偿投资额，大部分新的生产能力已经通过设备折旧资金形成；第二，在高就业率的情况下，生活水平提高，社会福利扩大，个人储蓄在可支配所得中的比例增加，国家不借用增加的储蓄，利率自然下降；第三，欧洲共同体和日本完成了追赶美国技术水平的计划；第四，环境保护和能源问题使投资活动陷入停滞；第五，国家不热心于充分就业，相反缩小社会福利，人为地制造经济危机，采取经济停滞政策。由于认为上述五个结构变化因素是产生"滞胀"的重要根据，结论是"滞胀"是资本主义结构性经济危机的表现。

"实现危机"说和"商品过剩"说。这种观点建立在过剩积累理论的基础上，在强调有效需求不足这一点上，与长期停滞论相同，但认为"滞胀"是垄断资本主义各种固有矛盾的表现。而物价上涨的加速发展又造成个人消费减退，引起和加剧了经济萧条，使国家垄断资本主义的积累方式崩溃了。

"资本过剩"说。这种观点立足于资本与劳动力相比的过剩积累理论，认为资本积累的发展导致了劳动力不足，劳动力不足引起开工率下降，并使工会的谈判地位加强，从而使失业对策和社会福利进一步完善，工资上升也加快了，工资成本费上升和开工率下降，又使产品价格上涨，新的停滞则抑制了新的投资需求。这一系列变化产生了资本过剩的趋势，"滞胀"就出现了，并将长期持续下去。

"利润率下降"说。这种见解通过"直接剥削的条件"和"实现这种剥削的条件"同时恶化，来说明利润率下降导致"滞胀"。他们认为由于工资上升，能源和原材料价格上涨和国际竞争加剧等，导致"利润压缩"，垄断资本家又采取了确保"短期目标收益"的行动，使产品价格上升,使商品过剩和资本过剩同时发生,于是,"滞胀"变成了现实。

上述各种观点尽管众说纷纭,但有一点是肯定的,资本主义经济存在着不可克服的矛盾,由此导致了"滞胀",这是资本主义经济危机的表现形式。马克思说:"政治经济学的肤浅性也表现在,它把信用的膨胀和收缩,把工业周期各个时期更替这种单纯的征兆,看作是造成这种更替的原因。"[102]产生经济危机的直接的表面的原因似乎很多,但根源只有一个,这就是资本主义的基本矛盾——生产社会化和生产资料资本主义私人占有之间的矛盾。而这一基本矛盾主要表现为如下两个方面:生产无限扩大的趋势与劳动者有支付能力的需求相对缩小的矛盾;以及个别企业生产的有组织性与整个社会生产的无政府状态的矛盾。所有危机的根本原因,仍然是马克思早已揭示的这一客观经济规律的作用。

(2)威茨曼的利润分享制不一定能够缓解工资上涨的压力。

威茨曼(1987)[103]的理论从解决当代资本主义"滞胀"的经济顽症这一目标出发,威茨曼和杰克曼(1987)[104]认为利润分享制能够缓解,不会造成加速通货膨胀的失业率。这个问题可以理解为利润分享制能够降低失业率。牛正科在其博士学位论文中,对威茨曼的利润分享制是否能缓解工资上涨的压力提出了质疑。

牛正科在论文中假设,在谈判中,厂商的目标是所代表利润的最大化,工人的目标是所代表工资的最大化,如果用b代表谈判中双方的相对地位,那么,厂商与工人对于工资水平的博弈可以用下列纳什谈判函数表示。

$$\phi = w^b \pi$$

图7.2[105]刻画了目标函数与劳动薪酬之间的关系。W^*代表竞争均衡工资,即工资经济中的充分就业状态。曲线BAG代表工资经济($\lambda=0$),当工资等于W_0时,ϕ达到最大值A。曲线BHCJ代表利润分享经济($\lambda>0$),

C代表利润分享经济下ϕ达到最大值。由利润最大化假设可知,实行工资制度的厂商雇工数量满足$R'(L)=w$,而实行利润分享制度的厂商雇工数量满足$R'(L)=\theta$,所以当$w>w^*$时,由于边际生产率递减,实行利润分享制度的厂商总是比实行工资制度的厂商雇佣劳动数量多。与此同时,实行利润分享制度的厂商利润小于实行工资制度的厂商,这导致分享制度的曲线位于工资制度曲线的下方。

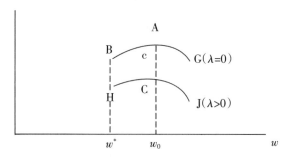

图 7.2 劳动报酬总额的变动趋势

比如,在工资制度下,对应的B点是充分就业点,此时就业量为L^*。假设在此点转换到分享制度,对于工会和厂商而言,应该满足。

$$\hat{\theta}+\lambda\left[\frac{R(L^*)}{L^*}-\hat{\theta}\right]=w^*$$

尽管此时$R'(L^*)>\hat{\theta}$,厂商有增加劳动要素需求的冲动,但是其支付的薪酬难以吸引劳动力,也就难以扩大就业,所以工资经济和分享经济在薪酬和就业量上处于相同地位。

假设厂商提高其底薪至$\hat{\theta}+\varepsilon$,在就业规模L^*处,劳动薪酬变为$\hat{\theta}+\varepsilon+\lambda\left[\frac{R(L^*)}{L^*}-(\hat{\theta}+\varepsilon)\right]=w^*+(1-\lambda)\varepsilon$。假定其他厂商的薪酬未变,此时该厂商就可以吸引更多的劳动力,而且该厂商也愿意这样做,只要$R'(L^*)>\hat{\theta}+\varepsilon$。因此,在同样的雇工数量上,分享制度的厂商利润必定少于

工资制度的厂商。因此,H必定位于B的正下方。

由此可见,对于单个厂商与工会而言,工资经济优于分享经济,尤其是A远好于B。因此,单个厂商和工会对利润分享毫不动心。威茨曼由此提出了激励赋税政策作为补充。

实际上威茨曼的理论有进步的意义,在于它客观的使劳动者获得参与剩余价值分配的途径,因此可以说,在缓解"滞胀"等矛盾方面有很大的作用。但是,威茨曼的理论并没有改变资本主义生产方式,不能从根本上消除物价上涨和失业的上涨现象。

2.社会主义分享经济理论对滞涨问题的解决

李炳炎的社会主义分享经济理论对于滞胀问题,有着非常好的解决机制。李炳炎在其论文中对这些机制进行了详细的分析[⑩]。

(1)动力机制。

收入增长动力。按照社会主义分享经济理论,国家、集体、个人三者利益同舟共济,同向增减。个人收入的不断增长,不会成为减少国家收入的威胁,反而成为国家收入和企业集体收入增长的原因。个人收入不断增长,不仅是调动职工积极性的手段,而且由于提高个人生活消费水平,使劳动力扩大再生产,有利于提高劳动力的素质,从而提高工作质量。从长远看,个人收入增长是劳动者全面发展的物质基础,也是社会主义生产的根本目的。

技术进步动力。企业的技术进步分为两个方面,一方面是企业的技术装备的进步;另一方面是企业职工技术素质的提高。企业实行了公有制分享制度,就在制度上形成了一种促进企业更新设备的硬约束,使企业的技术装备随着生产的运行而不断进步;同时,由于企业职工的个人劳动收入与其技术水平的高低紧密相关,就使每个职工从主观上意识到技术素质的重要性,并促使他们主动地去提高自身的技术水平。这样就形成了促使职工整体提高技术水平的强大动力，从而为企业的发展注入了生机与活力。

激励动力。按照社会主义分享经济理论，国家、企业和职工三者形成了一个利益整体，共同的目标是使企业获得更多的净收入，企业获得了更多的净收入，则国家以税收的形式多得一部分，企业多留一部分，职工个人多拿一部分，形成了一荣俱荣、一损俱损的格局。因此，实行净收入分成制的企业职工具有极大的生产积极性，劳动热情得到充分发挥。由此可见，实行净收入分成制的分享经济具有内在的激励动力。

增量积累动力。按照社会主义分享经济理论，企业本身可以按一定比例在企业净收入中获得企业收入，企业再从企业的收入中拿出一部分用于生产发展和技术改造，追加企业的资金投入，扩大企业的生产规模。由于企业收入是按一定的比例在企业净收入中分成所得，因而是一种固定的硬约束，使企业用于发展生产的资金可以随着企业生产经营的运行自行地增长，达到增量积累的目的。从而可有效地克服企业行为短期化问题，破除企业经营资金不足、发展困难的瓶颈。

（2）调整机制。

市场调节机制。按照社会主义分享经济理论，企业以销售收入作为第一级经营目标，废除了以前的产值、产量指标，从而形成了自主经营企业的市场导向机制。具体地说，现在企业为了争取更多的销售收入，必须做好以下几个方面：一要按照市场的要求变化安排产品生产，以需定产，事先必须做好市场预测和市场决策；二是要保证产品的质量以及花色品种，使产品适销对路；三是要使产品尽量卖出去，变成货币，最低限度地减少产成品的积压；四是企业要学会市场定价，以有利的市场价格销售；五是要减少未收的应收货款，尽量避免呆账的发生，及时回笼周转资金，加速企业的资金循环。企业只有做好了以上五个方面，才能真正成为市场的主体。企业为了获得最大限度的销售收入，不得不废除以前追求的"产值""产量"等指标,更加明确了只有被市场承认的劳动才是有效的劳动这一概念,使企业的职工更加关心市场,关心自己生产出来的产品是否能在市场竞争中得到广大消费者的认可和接受。只有通过市场交换使企业生产的产品转化为货币,实现为企业的销售收入,才达到了企业的第一级经营目标。企业的销售收入(货币)扣除物耗成本,就得到企业的净收入,达到企业第二级经营目标。净收入取代利润,成为企业经营的中心指标。

结构自我调整。按照社会主义分享经济理论,由于企业以追求更多的销售收入为第一级经营目标,产品必须及时适应市场需求的变化。当市场需求发生了变化以后,企业就会主动地调整产品结构。在技术自我进步机制形成的条件下,企业就会通过不断开发新产品来适应市场需求的变化。当企业的产品结构不能适应市场变化和国家产业政策时,就会自我调整企业的产品结构。在自我积累机制的支持下,企业可以有实力更换装备,或与其他企业联营,或收购其他企业,达到以新的企业结构自立于市场的目的,在竞争中生存并发展。

(3)约束机制。

生产资料费用约束。按照社会主义分享经济理论,企业以净收入作为第二级经营目标。以净收入取代了以往的利润作为企业生产的目的与动机,成为企业经济效益的指标和经营活动的中心。企业要获得更多的净收入n,通过公式$W=c+n$可以得出:第一可以提高劳动生产率,增加产量,从而增加净收入;第二是降低物耗成本从而节约生产资料费用。净收入在量上与W成正比,与c成反比,可以从源头上制约生产资料的浪费,从而形成一种使企业增产与节约相互推进的经济运行机制。

形成消费约束。实行净收入分成制,企业职工的个人消费基金通过净收入的二次分配取得。第一,职工个人的收入只占净收入的一个事先确定的比例,这个比例远远小于1;第二,职工个人获得的收入是在净收入扣除国家和企业的收入之后才取得的;第三,个人劳动收入与个人劳动支出和企业的劳动效益直接挂钩。从这三点可以看出个人收入的获得和增长,既不会超过企业劳动生产率的增长幅度,也不会挤占国家收入和企业收入,防止了所谓"工资侵蚀利润"或"利润侵蚀工资"现象的出现。因此,一方面可以有效、合理地控制住个人消费基金的增长,消除了国民收入超分配的微观基础;另一方面由于个人消费基金的增长与企业经济效益、劳动生产率增长呈同步变化,从而为宏观经济的总供给与总需求动态平衡提供了良好的微观基础。

通过分享比例的事先确定,有效地约束和规范了政府的分配行为。可以彻底摆脱政府在国民收入分配中的自利行为(向政府自身倾斜),扩大居民收入在国民收入中所占的比例。

(4)协调机制。

企业通过实行净收入分成,将企业的净收入按一定的比例划分为国家收入、企业收入和个人收入三个部分,理顺了国家、企业和个人三者之间的分配关系,协调了三者的利益关系,克服了原来旧体制下的利益对立的关系。这是因为在原有的分配体制下,工资和利润始终是对立的,若提高职工的工资,则增加了人工费用,增加了成本,在同等产量下减少了利润,从而少交了国家。通过实行净收入分成制,按照事先确定的国家、企业和个人三者合理的分成比例,三方利益共享,风险共担,规范了三者的经济行为,减少了三者之间互相争利益的"内耗",协调了三者之间的关系,从而形成了发展生产更大的合力。

(5)冗员排斥机制。

实行净收入分成制的企业,废除了传统的工资制,职工的个人收入是通过参与企业的净收入分配形成的。企业的净收入先通过一次分配形成了职工收入的总额,然后再通过对劳动者个人的劳动实绩的考核将整个总额分解到个人。因此,个人劳动收入的大小,与个人劳动实绩成正比,与参加净收入二次分配的人数成反比。也就是说,某一期间企业全部职工劳动收入总额是既定的,参加分配的人数愈多,个人分到的净收入则愈少;反之,情况则相反。因此,净收入分成制具有自动排除冗员的机制。它可以优化劳动组合,消除隐蔽性失业。

(6)竞争力提升机制。

一方面,实行净收入分成制的企业一般都行使产品质量否决权。职工生产的产品,如果出现质量不合格,有次品就降低实绩得分,有废品非但不计得分,而且要倒扣原材料费用。这样,使质量与个人利益直接联系起来。产品质量取决于各方面工作质量的保证程度。质量否决权通过经济责任制施行,与个人收入挂钩,奖优罚劣,有力地增强了职工的质量意识,保证了产品等级率不断提高,从而提升了企业的竞争力。另一方面,自动调整机制使得企业按市场导向以需定产,使产品适销对路,减少了无谓的产品积压所造成的生产成本的增加,便可以较低的销售价格出售产品,从而增强企业的竞争力。可见,净收入分成制是一种竞争力自动提升的机制。

中国特色分享经济的这六种内生机制是自发形成的,是内在联系的,是一个严密的整体。一种机制发挥作用并不会影响另一种机制的正常运行,相反还会放大另一种机制的作用效果。它们之间既相互制约又相互促进。比如:一方面,通过动力提升机制,企业更新了技术装备,提升了职工技术素质,从而提高了产品质量,减低了生产成本,提升了企业的竞争力;另一方面,企业的竞争力提升了,产品的销售量增加了,则会为企业带来更多的净收入。通过二次分配,企业获得更多的自有积累资金,职工获得更多的收入,则可以再次更新技术装备,加强职工技术素质培训,提升职工技术素质,职工的积极性进一步得到增强,又为企业提供了更大的动力,从而放大了动力机制的效应。

三、社会主义分享经济理论的研究目的

虽然社会主义分享经济理论可以从根本上解决通胀的问题,但这只是社会主义分享经济理论的优势之一。李炳炎的中国公有制分享经济理论的目标是让全体人民更好地分享改革开放的成果,是把自主联合劳动所有制看作是社会主义公有的必然模式,试图说明的是企业净收入分成制是建立自主联合劳动所有制的基本途径。

1.社会主义分享经济理论是为了实现自主联合劳动,实现人的全面自由发展

联合起来的、拥有劳动力的劳动者,以企业所有者或部分所有者(在以劳动者以国资为本与非国资股东合资的企业)的身份,通过按国资平均雇佣利率和国资雇佣量向国家支付国资平均雇佣利息取得国资的使用权,从而把国有资本同他们自己的劳动力结合起来。以这种工人集体雇佣国有资本的生产方式为基础的市场经济,称为劳动雇佣国资制度或工人雇佣国资经济体系,也叫作自主联合劳动经济制度。

可以从生产关系的基本构成要素来勾勒一下自主联合劳动经济制度的框架。在所有制问题上,以资本为代表的生产资料属于全社会公有,并由国家代表全体社会成员行使所有权。国家是实际上的所有者,也可以称为生产资料国有,劳动者是自身劳动能力的所有者。劳动者,有权利按照自己的意愿支配自己的劳动力,自主联合劳动企业的整体所有权属于企业的全体劳动者,企业通过支付平均雇佣利率获得所需资本量的使用权。

在劳动关系问题上,企业的劳动者的地位是平等的,都是企业的所有者、主人,完全自愿地相互协作从事生产劳动。任何劳动者个人,可以在章程允许范围内随时选择离开某个企业,在获得接受时加入另

一个企业。劳动者所从事的具体工作的差异纯粹是社会分工的差异，并在这种分工的前提下进行联合劳动。劳动者有权参与企业的决策，任何企业所占用的国资皆为企业中全体职工参与企业决策的基础，只是劳动者享有决策投票权的比例按照其对企业资本的所有程度而有所差异，但这并不能否定自主联合劳动经济制度下和谐的劳动关系。

在产品分配问题上，完全体现劳动者主导性，整个分配过程都以劳动者为核心。由于劳动者是企业的所有者，使实现按劳分配的必要条件得以满足，按劳分配成为自主联合劳动经济制度下的基本分配原则。企业典型的收入分配程序是：交纳诸类流转税、调节税等给政府，扣除各种生产资料耗费和劳务耗费，依平均国资雇佣利率和国资占用量向政府交纳雇佣利息，偿付到期贷款与利息。依条约规定向市场信用资本与内筹信用资本支付红利。经过上述扣除后的企业收入剩余形成企业劳动收入，之后向政府交纳劳动收入累进税，提留适当量的企业福利基金，然后，按有效劳动量在劳动者之间分配个人劳动收入。这就是企业净收入分享制。概括说来，自主联合劳动经济制度就是把企业的国家所有变成劳动者所有，使之成为由劳动者自己管理的、按平均利率向国家支付国资雇佣利息的、以劳动收入为目的的"民主企业"，从而形成一个以这种劳动者所有的"民主企业"为基础的资本公有制市场经济。自主联合劳动经济制度用"劳动雇佣资本逻辑"代替了"资本雇佣劳动逻辑"，不仅解决了产权清晰和政企分开问题，而且更好地解决了公有资本与市场经济的有效结合。

自主联合劳动经济制度的核心就是自主联合劳动如何雇佣资本问题，其根本路径在于"劳动者联合起来组成企业"，即建立"劳动企业"。所谓劳动企业就是，"若干劳动者按照公开、自愿、平等、互利等原则联合起来，组成的从事经营的独立法人主体"，也称为"劳动者联合体""劳动者集体企业""国资民营企业"。在资本经济制度下，资本雇佣劳动必须遵循等量资本获取等量利润的原则。同样,劳动雇佣资本也必须遵循两大原则,权利原则是"等量利息雇佣等量资本",配置原则是"等量信用资本雇佣国有资本"。我们相信,以自主联合劳动经济制度为实质与方向的社会主义公有制经济改革必将取得成功。

2.中国特色的社会主义分享经济理论,是指导中国社会主义经济改革的另一理论支柱

社会主义经济体制改革的性质,是社会主义生产关系的自我完善,目的是通过改善社会主义生产关系中不适应社会生产力发展的某些环节、部分,使社会主义生产关系适应并促进社会生产力的发展。随着我国社会主义经济体制改革和政治体制改革的不断深入,越来越多的深层次问题凸显。深层次改革本身已产生了强烈的理论需求。改革呼唤着理论创新,理论创新来自马克思主义与改革实践的结合,同时又必将成为推进改革的武器。马克思关于人的全面发展的理论,也正处于这样的历史地位。

社会主义市场经济体制改革的对象是旧的经济管理体制,即产品经济体制,而不是社会主义经济制度即公有制;不是要改掉公有制,而是要完善公有制及其实现形式。我国的改革,就是要在坚持公有制为主的前提下完善生产关系,是通过理顺公有产权关系来理顺社会主义生产关系,不是将社会主义生产关系变成资本主义生产关系,也不是将公有制变为私有制。

因此,我们可以清醒地认识到,照抄照搬西方的现代企业制度在我国是行不通的。西方的现代企业制度是建立在生产资料私有制的产权制度至上的基础之上的,反映的是资本主义的生产关系,是迎合资产阶级的需要的。我国的国有企业改革是为了进一步消除企业制度中不合理的部分,进而促进生产力的进一步发展。所以,在建立现代企业

制度的过程中,首先需要考虑的就是要适应生产力发展的要求。同时考虑到我国是社会主义国家,在建立公有制企业的现代企业制度时,也必须要符合生产资料公有的客观要求,反映社会主义生产关系和产权制度。

构建社会主义公有制与市场经济有效结合的产权关系,要使公有制产权关系有机地融入市场经济体制之中。市场经济以生产劳动的社会性只能通过交换间接地实现为前提,只承认市场交换和市场竞争中的平等权利,经济主体利益相互独立,自主经营,这是一种横向的自发的社会分工制度。这种社会分工制度有利于社会主体个性的发展,调动分散、独立的社会主体的积极性,因而能促进社会生产力的发展。但是,从社会的角度来看,它在社会生产的组织上天然具有滞后性和自发性。

公有制经济由自主联合劳动者共同占有生产资料,具有共同的利益,贯彻按劳分配的利益平等原则。公有制经济必须具有协作劳动的本质要求,就是要使生产劳动过程统一服从一个中心的指挥和调节,因而其内部分工具有自上而下组织安排的特征。这是一种纵向的自觉的分工制度,有利于协调各方面利益。但是,这种纵向分工在社会历史条件不具备的情况下,也会产生脱离实际的主观性,压抑社会主体个性的积极性,因而导致不利于社会生产力发展的后果,计划产品经济体制的弊病正在于此。

建立和完善社会主义市场经济体制,就是要在现存的历史条件下,充分利用公有制和市场经济两种制度的优点而克服计划产品经济体制和市场分工制度的弱点,促进形成既不同于计划产品经济体制下那种具有主观性的公有制产权制度,又不同于资本主义私有制的产权制度,并促使这种崭新的产权关系人格化。

实践表明,在具体改革上,凡是能尊重人民群众的首创精神,坚持"从群众中来,到群众中去"的工作方式和方法的,就能比较顺利地达到目的。反之，就会受到挫折。社会主义市场经济体制的改革，遵循党的群众路线，充分依靠工人、农民和知识分子等广大劳动者，充分调动他们在改革中的主动性、积极性和创造性，将改革作为一场伟大的群众性社会实践。人民群众是历史的创造者，是推动历史前进的决定性力量，因此我们的改革必须依靠人民群众。例如，农村联产承包制改革，首先在安徽凤阳试点，成功之后再向全国推广。同时，对于像华西村、南街村那样集体经济较发达的地方，也允许不搞联产承包制，实事求是，具体情况具体分析，不搞一刀切。但是在城市，国有企业的改革却走了弯路。一些地区没有遵循全心全意依靠工人阶级的方针，而是照搬照套在国外理论界也存有争议的"管理层收购"的做法。在实际操作中，依靠的是少数地方政府官员和企业的管理层，结果把全体人民共有的财产，变成了少数企业管理层的私人财产。导致劳资对立，国有资产大量流失，引起社会上的强烈不满。

李炳炎通过长期的研究，发现在城市国有企业改制中存在两个难点：一是既要改制，又要保证国有净资产的等价交换，不至于在改制中流失；二是既要改制，又要保持国有企业职工的主人翁地位，不至于使他们由生产资料的主人沦落为被雇佣者。

3.中国特色社会主义分享经济理论确立了全社会利益分享机制

社会主义分享经济理论可使国家、企业和职工三者结成利益共同体，在追求共同利益的动力驱使下，做大"蛋糕"，实现国家、企业和个人三者之间真正意义上的利益分享。

社会主义分享经济理论的根本目的是为了使广大人民群众分享改革开放的成果。对经济改革做一番深入的分析，人们发现：从农村到城市，从企业到政府，众多的改革措施竟可以用一个"分"字来概括，诸如利益分享、分成制、分田到户、分工协作、两权分离、分税制、划小核算单位、分类指导等。然而,"分"字所蕴含和代表的正是"利益分享"这样一种新的经济观,即社会主义分享经济观。

利益分享和利益独占是两种完全不同的经济观。利益独占否认经济个体的差异性,否认经济个体的自主性和特殊经济利益要求,从而否认存在分享的必要性。

第一,在传统的社会主义经济模式下,把公有制的大一统作为整个社会经济活动的基础,并进一步将其绝对化,片面地强调整体利益的必要性,否定个体利益存在的必要性。由于片面地认为整体利益高于一切,个体利益是微不足道的,因而形成了高度集中统一的经济组织方式和单向的个体服从整体的利益结构模式。这种传统的"否定个体,保证整体"的利益追求方式,由于抑制了经济个体的活力和利益冲动,窒息了经济个体的生机和活力,致使整个经济发展动力不足。社会主义计划经济时期的平均主义"大锅饭"是这种传统经济观的典型的表现形式。

第二,在改革的过程中,破除了传统僵化的经济模式,但是由于情况复杂,又缺乏经验,一种新的资本权威建立起来。这种资本权威无视分享利益所应发挥的作用,实行的是古典的企业产权制度所决定的分配方式。古典的产权制度是所有权至上的制度,其特点是由生产资料的所有权决定其他所有的经济权利,即由生产资料所有权唯一决定企业的一切重大决策。这种产权制度下的决策机制单一,追求利润最大化,因此在劳动力市场上表现为需求方尽其可能地压低工人的工资。同时,在我国劳动力供给相对过剩的客观条件下,劳动力市场供求的均衡点就被限定在劳动力价值线上,这决定了劳动者的工资被压到低于劳动力价值的水平。此外,由于我国劳动力市场上劳资双方的谈判力量严重不对称,一方面,不仅分散的劳动者个体处于弱势状态,而且劳动者整体也处于弱势地位;另一方面,雇主处于优势状态,具有垄断者的特点。这种劳动力市场谈判力量不对称的状况,致使工资率低于劳动力价值。

李炳炎的中国特色社会主义分享经济理论体现一种"利益分享"的新经济观,突破了"利益独占"的传统经济思维方式的束缚,公开承认经济个体的主体地位、经济利益和经济权利,承认它们追求自身利益的合理性和合法性。李炳炎的中国特色社会主义分享经济理论倡导一种新的协调的利益分配机制。

第一,这种新经济观极大地调动了经济个体的积极性和创造性,使它们从长久的利益蛰伏中苏醒过来,使长期受到抑制和束缚的经济活力释放出来,从而使我国经济改革不断迈向新的台阶。在这个新机制中,经济个体与整体的利益分配与每一单位新增利益之间建立起新的比例变动关系。然后,通过鼓励每一个经济个体努力追求自己的经济利益,从而保证社会整体经济利益的不断增长。它以"鼓励个体,增强整体"的新的利益追求方式取代了传统的"否定个体,保证整体"的利益追求方式。这种利益分享的新经济观,由于充分尊重了经济个体的经济利益要求,肯定了对自身经济利益的追求是经济个体的最主要的经济动机,也就在实际经济生活中形成了一种各经济主体"各就各位,各得其所"的新的利益格局。这种新格局有利于调动全社会每一个经济体的积极性,因为它赋予了每一个经济体以必要的权利和义务。它们不再是国家行政管理链条上的一个环节,而是有着自身特殊经济利益的独立的经济主体。这样,对自身利益的追求极大地激发了经济个体的活力,并使整个社会经济充满了蓬勃生机。这种利益分享的新经济观,有助于建立起一种新的集中与分散相结合的经济管理体制,"各就各位,各得其所"是这个新体制的主要特征。在这样一个新体制中,每一个经济体都将找到适合自己的位置,促进经济发展和社会和谐。应将利益分享作为构建和谐社会的一项基本原则。

第二，利益分享的新经济观，不仅强调各经济个体有其特殊的经济利益，还致力于在各个主体的经济利益之间建立起一种新的协调的利益分配关系。解决这个问题的关键在于建立这样一种利益分享制度，使个体利益的实现与整体利益的实现紧紧地联系在一起，在它们之间建立起一种共同消长而不是此消彼长的新关系。这种利益分享制度的主要内容是，在一个特定的时期内，由各种经济主体按照一定的比例去分享经济发展所取得的成果。每一个体所获利益的绝对量将取决于成果总量的增长和分享比例这两个因素。在这个过程中，各经济主体的任务是如何扩大总量，而政府的责任则是事先公平地确定这个分享的比例。由于这种分享不是对总量的一次性分享，而是对每一边际增量的逐次分享，它能够使经济个体在增量上看到自己的利益，从而极大地刺激其增产节约的积极性。

第三，中国特色社会主义分享经济理论倡导的这种分享也不只是在整体层次上的分享，它是多层次的。在社会经济活动的每一层次上，各利益主体均可实行利益分享。这种利益分享制度的一个显著特点，就是使每一个经济主体都能与代表国家整体利益的政府和代表局部利益的企业分享利益、共担风险。它使每一经济主体都有了自己的权力、责任和利益。在追求利益的动力和回避风险的压力下，每个主体的活力得到了极大的增强。利益分享机制通过肯定利益的多元性和对利益追求的协同，促进经济决策和经济生活的民主化，给社会主义经济和谐发展注入了新的活力。

四、中西方分享经济理论代表性观点之产权内容不同

1.威茨曼的分享经济理论缺乏产权内容

在理论深度方面，威茨曼的分享经济理论没有触及产权的层面，

没有触及资本主义生产方式的根本。

在新古典经济学的理论中,一般地说,是把企业看成既定的前提,因此,研究的重点在于企业投入—产出的技术性关系,主要涉及的是生产函数理论,而没有重点研究企业的组织结构,以及各种要素所有制之间具有什么样的关系。威茨曼的分享经济理论同样没有对企业的组织结构进行深入研究,在这一点上,可以说威茨曼还是在新古典经济学的范围之内。不过,威茨曼在新古典经济学的基础上,改变了资本追求最大化,劳动只追求工资最大化的前提,他使劳动者同时追求对于利润的分享。在这里实际上涉及了剩余价值重新分配,涉及了企业内部各要素之间的关系。然而,威茨曼的分享经济理论并没有对制度的层面进行深入的分析,只是分析了这种制度的改变所带来的微观和宏观上的影响。因此,威茨曼的分享经济理论缺乏实际操作的设计,威茨曼的分享经济理论只包含了改变工资制度对经济的影响,并没有涉及所有制和企业控制权的问题。威茨曼曾经表示过,分享制关键不在于谁拥有所有权,而在于工人参与利润分享。他认为分享制是重新分配企业收益,而不是重新分配企业资产[100]。这是对企业制度一种断章取义的解释。没有坚实的产权理论做基础,做保证,分配理论只能是无本之木,空中楼阁。威茨曼从分配的角度寻找解决滞胀的原因难以解决资本主义经济运行的根本矛盾,是不可行的。马克思指出"那些把生产当作永恒真理来论述,而把历史限制在分配范围内的经济学家是多么荒诞无稽"[101]。

2.李炳炎的分享经济理论体现马克思主义产权理论

现代企业制度是以现代产权制度为基础的。企业是在一定的财产关系的基础上形成的,企业的产权制度会影响到企业的行为。可以说,没有现代产权制度,就没有现代企业制度。马克思产权理论认为,产权就是指财产权。财产权是生产关系的法律表现。财产权是一组权利的组合体,既包括所有权,也包括占有权、使用权、支配权、索取权、继承权和不可侵犯权。产权这个概念不过是生产关系的法律表现或法律用语。

我国企业建立现代产权制度,必须用马克思主义产权理论作为指导理论,并借鉴、吸收西方现代产权制度中合理的部分。李炳炎认为,可以从两个方面着手建立中国特色的现代产权制度。

(1)要明晰出资者与企业之间的责任与权利。

我国现行的产权制度的一个缺陷就是,出资者不能通过所有权的有效行使形成对企业经营管理者的有效约束。这导致经营者不能有效使用甚至滥用经营管理权,企业业绩难以得到保障,出资者利益不时受到侵害。因此,明确界定出资者与企业之间对称的责任与权利,成为建立现代产权制度的首要任务。

第一,应该界定企业应承担的责任与权利。应该界定企业按照一定的标准(不能出现亏损情况)向出资者承担资产的保值增值责任。一种实施方式是企业以一定的资产收益率向出资者承担资产收益责任。这种资产收益率可按社会平均资产收益率与相关系数相乘而得,一般应介于银行存款利率与贷款利率之间。企业将规定的资产收益分配给出资者后,剩余的净收入全部留归企业自由使用和支配。企业经营效益好就可以多留多得,效益不好就少留少得,这样就可以形成较为有效的激励机制。同时,企业须拥有完整的经营权或者叫法人财产权,这样就可以对经营成果负起责任。这种权利与责任的对称安排,形成对企业有效激励和约束相结合的机制,使其合理有效地行使经营权,力争实现企业净收入的最大化。

第二,应该明确出资者应承担的责任与权利。相对于企业来说,出资者的责任是很少的。出资者的目的是获得资产收益,就必然要赋予企业经营权。出资者拥有资产收益权,以及确保资产收益的实现和资产安全所必需的监督权和最终处置权。归纳起来,出资者必须拥有下列权利:一是法定的资产收益权;二是对企业的资产流向、财务和执行产权规则的监督权;三是对国有资产的最终处置权。这种出资者与企业的责任与权利相对称的安排,使出资者能合理地行使其所有权去监督企业,使企业合理有效地行使经营权;而企业不仅受到有效的监督,而且受一定的资产收益责任约束和全部获取剩余收入的激励,定会力求有效使用经营权,以求企业净收入最大化[①]。

（2）建立劳动产权为主、资本产权为辅的企业内部权力与利益制衡机制。

单一的资本产权制度已经不能适应社会主义市场经济发展的新趋势,而单一的劳动产权制度又超越了我国目前的发展阶段,因此,我国的产权制度应当是要素资产联合和不完全的劳动联合的有机融合。随着我国经济增长方式由粗放型向集约型的转变,经济发展将越来越依靠科技进步和劳动者素质的提高。劳动,特别是高知识含量的劳动在企业中的作用越来越重要。因此,我国企业理想的产权制度应当是以劳动产权为主、资本产权为辅的联合产权制度。这种联合产权制度的基本特征有如下几方面。

第一,剩余索取权分享,建立以劳动力、知识产权等要素入股为主、资本入股为辅的泛股份制。就劳动力和知识产权入股而言,就是把每个劳动者当年所得的工资总额以及投入生产的知识产权的市场评价的总额折合成股权,同资本一样获得保值增值,实现劳力与科技成果的资本化。这样,企业工人、科技发明者不仅应得到他们的劳动力、科技发明的等量报酬,而且应得到相应的红利。

第二,以按劳分配为主,按资分配为辅。由于联合产权制度以劳动产权为主,资本产权为辅,那么在收入分配上就要贯彻以按劳分配为主、按资分配为辅的原则。在这里,劳动者以劳动力入股后,不仅得到劳动力的价值,而且按股参加分红,分得利润。这样,劳动所得就突破了劳动力价值的范围,而具有按劳分配的性质。资本按股获得股息和红利,这是属于按资分配,但由于资本产权为辅,所得必然有限。

第三,以职工为主体。企业经营权归作为企业法人的企业职工联合体所有,并将其权力与职能委托给职工选举产生的企业管理委员会。企业管理委员会将日常经营决策委托给聘用的经理。

第四,在企业内部治理结构上,要素资产联合体的代表——董事会只有经营权的发包权、对企业的监督权和企业上缴利润的再分配权;重大决策由企业管理委员会经职工大会、代表大会认可后实施;企业日常经营决策权由聘用的经理行使,经理对企业管理委员会负责,并接受后者的监督。这种联合产权制度具有巨大的制度优势。劳动产权为主、资本产权为辅,保证了劳动者的主人翁地位,大大提高了劳动者的主动性和积极性。同时让资本获得利息,也调动了出资者的参与热情。相对于传统的国有制,委托—代理成本大大减少,大大提高了监督的效率,使企业的经营效率大大提高。企业劳动者集体所有股权对企业职工形成了强大的激励与约束,在一定程度上解决了劳动者"偷懒"和人力资本"质押性"难题。

总之,中国特色分享经济理论,在深度方面,从生产领域出发,从生产的客观规律出发,将分配理论建立在马克思主义的产权理论基础上,使劳动者成为企业的所有者、支配者和受益者;在广度方面,既包含理论的分析,又包含具体制度的设计和建议。李炳炎认为,自主联合劳动所有制就是劳动者因拥有公有生产资料所有权与支配权、自身劳动力的支配权以及劳动产品的支配权进而劳动者是作为主体来使用生产资料为自己创造财富的公有制形式。它是一种多层次的公有制形式,可划分为以下三个层次:第一个层次是社会所有制,即社会主义一国范围内的全体劳动者共同占有全社会生产力的总和,属于整体自主联合劳动;第二个层次,是集体所有制,即在一个或大或小的局部实现自主联合劳动,自主联合劳动者以"总体工人"的形式存在;第三个层次,是劳动者个人所有制,自主劳动者个人构成联合体的细胞。这种个人所有制就是马克思在当年要求重建的个人所有制,即实现劳动者个人对生产资料、劳动力和产品的个人所有权。巩固社会主义公有制,就是要其按照自主联合劳动三个要求,改造原有的国家所有制和集体所有制,而只有将传统的以工资制和利润制为核心的企业经营机制改造成企业净收入分成机制才能使国家、集体、个人实现各自的所有权,充分有效地发挥各自的职能,才能真正实现自主联合劳动,促进社会生产力的发展,逐步实现共同富裕。

五、中西方分享经济理论代表性观点之企业制度内容不同

1.威茨曼的分享经济理论中缺乏企业制度方面的设计

威茨曼的分享经济理论,擅长于理论模型的分析,缺乏实际操作的规划。不足以独立承担起指导实际政策的作用,只是实际制度的参考理论之一。在西方职工持股计划、利润分享计划等具体实施,在很大程度上得益于凯尔索的双因素理论、舒尔茨的人力资本论和艾勒曼的民主经济论等管理学、制度经济学的指导。同时,一般来讲,西方尤其是美国的职工持股计划被认为是威茨曼的分享经济理论的体现,实际上,在威茨曼的分享经济理论出现之前,职工持股计划等利润分享方案已经在英美等多个发达国家实行多年。利润分享(profit-sharing)概念,早在1889年就由国际利润分享协会在巴黎确定下来。美国的利润分享计划是凯尔索设计开创的,是双因素理论

的直接产物。更重要的是,这些理论和实践都没有保证劳动者对于企业的直接管理权。

2.李炳炎的分享经济理论涵盖制度设计

李炳炎的中国特色社会主义分享经济理论,同时涵盖了对于建设适合中国国情的社会主义现代企业制度的内容,是对完善我国现代企业制度大胆而有益的探索[10]。

(1)重新评价我国目前所建立的现代企业制度。

自1978年十一届三中全会以来,中国国有企业的改革实践大体上经历了三个发展阶段:扩大企业自主权;在一定程度上实现所有权和经营权的"两权"分离;建立现代企业制度。

我国进行经济体制改革的过程中,国有企业改革经历了一个漫长的历程,经历了一些曲折。由于改革初期,在建立现代企业制度时,主要以西方现代企业制度为指导和参照,因此出现了一些问题。从实践来看,国企改革曾一度以单纯的"民营化"为方向。不少地方政府曾经将国企简单地实行一刀切,变卖给私人。这种做法曾经一度造成了国有资产的流失,引发了职工下岗失业的情况。一些地方政府以行政命令限期改制的做法,致使下岗失业职工人数增多,各项权益受到了一定程度的侵犯。后续这种状况很快得到调整,没有继续下去。

尽管我国企业制度的改革已经进行了多年,公司治理也已经在实践中,特别是在上市公司的管理实践中越来越被重视。但是,上市公司股权和治理安排、权力制衡和约束的规范、监控和处罚的措施还存在一些漏洞,没有能够完全杜绝大股东掏空上市公司的情况,没能完全杜绝内部人控制、侵害股东的权益的情况,没有能够完全杜绝高管和董事会联合起来以激励名义进行套利。一些股份制企业高管(包括董事会)与员工的收入差距正在拉大,一些上市公司在并购重组中,员工和债权人权利受到一定程度的损害。因此，必须持续坚持中国特色社会主义发展方向，完善制度和法律，在国有企业改革的过程中，要严格避免利用资本的并购重组侵吞国有资产，要严格避免利益相关者以"制度创新"为借口，以不正当手段进行管理者收购或国有股份减持，为一己之利而损害其他相关者的权益。

马克思主义再生产理论认为："把资本主义生产过程联系起来考察，或作为再生产过程来考察，它不仅生产商品，不仅生产剩余价值，而且还生产和再生产资本关系本身：一方面是资本家，另一方面是雇佣工人"[11]。资本主义再生产不仅是物质资料的再生产，同时也是资本主义生产关系的再生产。现代企业制度不仅影响社会生产力的再生产，同时会影响到社会生产关系的再生产。资本主义现代企业制度若反映资本主义生产关系的要求，则其必然不断地再生产出资本主义的生产关系；反之，社会主义现代企业制度应不断再生产出社会主义的生产关系。

李炳炎认为[12]目前我国推行的现代企业制度是资本主导型的企业制度。它奉行的是一套资本雇佣劳动的逻辑和制度，劳动力已经完全变成了从属于资本的生产要素，劳动者的主人翁地位被完全剥夺了。我国是社会主义国家，广大劳动者应该是生产资料的共同占有者，是社会的主人。如果说社会主义企业制度与资本主义企业制度有根本区别，那么就是资本主义实行雇佣劳动制度，而社会主义采用自主劳动制度。

同时，现代企业制度不应该只考虑股东与经营者之间的委托—代理关系，必须使得工人能参与企业管理，实行管理上的民主。工人参与的企业治理结构不但使职工能参与企业的重大决策，还可以对经营者进行更为有效的监督。因此，在建立现代企业制度的过程中，必要的前提和基础是必须用自主劳动制度代替雇佣劳动制度，促进劳动者每个人的自由而全面的发展。李炳炎认为按照马克思主义的观点，我国国有企业改革必须坚持：第一，维护工人的主人翁地位；第二，以工人为本，保证他们能全面发展；第三，工人个人应占有生产资料；第四，新型国有企业是工人自己的合作工厂；第五，工人有劳动力产权，工人的劳动力产权参与剩余价值分配。

用上述观点来对照我国国有企业改革的实际，就会发现目前不少国企改革严重偏离了马克思主义的观点，其中的核心问题是改革后工人的地位和作用问题。

唐恒照、朱必祥从法律角度专门研究了这个问题，他们指出我国公司法存在的一个不容忽视的缺陷。笔者十分同意他们的观点。他们指出，公司法中关于国有企业实行公司制改革后职工地位的规定和关于职代会民主管理权力的规定中存在以下主要缺陷：第一，没有"职工主人地位"或"主人翁地位"的措辞，似乎国有公司的职工不是企业的主人。这无疑是对作为资本所有者的"股东是主人"观点的强化。第二，公司领导人的产生不是由职代会民主推选或民主推荐，而是由国家授权投资的机构或国家授权的部门向公司委派董事，由董事会聘任经理；公司法定代表人由董事长或执行董事担任，而不是由职代会民主推选或民主推荐。这样的制度规定虽然与国际惯例接轨了，但是却与我国企业法和职代会条例不衔接，从而在实际运作中发生矛盾与冲突。第三，董事会中职工代表人数比例没有硬性规定，如该法对职工董事的比例、产生、更换的条件、程序以及监督机制等问题均未作具体规定，也未授权公司章程予以明确，这必然会给实际操作带来困难，很容易造成职工董事制流于形式。第四，国有公司与非国有公司的职工所享有的权利是不对等的，非国有公司的职工没有经营参与权。这无疑会使大量的就业于非国有公司的职工产生主人失落感，国有公司职工行使主人权力的良好社会氛围也就不复存在。

由于存在这种制度设计上的缺陷,要实现职工积极参与国有公司的管理,参与国有公司的改革与发展决策,要在生产经营中、改革中保证职工的利益,恐怕是困难的。突出的问题是:第一,劳动者就业压力大、劳动标准(工资、工时、劳动安全卫生、福利、社会保障)不规范,部分劳动者生活贫困,变成城市贫困户。第二,企业改革后经营者权威强化,对企业资源的占有支配加强,而工人却失去了这种资本权利。第三,政治权利削弱,从全国人大代表中的工人代表比例来看,第五、六、七、八届分别为26.7%、14.9%、12.4%、11.2%,呈下降趋势,工人在基层中的民主权利也相对微弱,表现在职工党员比例及职代会代表比例等都偏低、下降⑬。第四,在理论舆论上,公开否定工人的主人地位的言论随处可见,如:"主人翁"只是政治概念;工人不是企业的主人,老板是企业的主人;等等⑭。

由此,李炳炎认为,导致我国目前国企改革方案中国有企业职工主人地位缺失的理论根源,正是由于离开了马克思主义的指导。于是,必然会产生不顾中国国情和我国社会主义制度的本质要求,在引进现代市场经济体制的同时,也引进了与我国国情并不适应的制度,随之产生的是劳资对立尖锐化趋向。这充分说明,迫切需要在马克思主义理论的基础上重新研究和确立我国国企改革的理论基础与制度设计。还有一个问题,就是建立现代企业制度必须要考虑吸收中国已有的经验。新中国历史上的企业制度已有几十年的历史,虽然其中存在着种种的缺点和问题,需要我们尽快建立适应生产力发展要求的现代企业制度,但是,历史上的企业制度中还是有很多宝贵的经验的,我们不应该将这样一份珍贵的财富丢掉,而去照抄照搬西方的那一套。比如,曾大力宣传和学习的"鞍钢宪法",便是我们所应该继承的。"鞍钢宪法"传到国外,对国外的企业管理方式的变革产生了深刻影响,已经取得了巨大的成功。美国麻省理工学院教授罗伯特·托马斯明确指出,毛泽东批示的"鞍钢宪法",即"经济民主"和民主管理思想(两参一改三结合),是增进企业效益的关键。日本企业管理界将"鞍钢宪法"称为当代最先进的管理模式。毫无疑问,我国建立现代企业制度应首先考虑吸取"鞍钢宪法"的基本精神与精华。这是我国建立现代企业制度的中国特色所在。

李炳炎的中国特色社会主义分享经济理论,试图就以下几个方面构建符合我国国情的社会主义现代企业制度。

第一,坚持劳动雇佣资本,建立劳动主导型的现代企业制度。

马克思在《政治经济学批判大纲〈草稿〉》中对自主联合劳动问题做了创造性的阐述,指出"真正的自由劳动"必须具备以下规定性:"1.必须具有社会的性质;2.必须具有科学的性质;但同时又是一般的劳动,不是把人当作某种驯服的自然之力来驱使,而是当作主体来看待。这种主体不是单纯地在自然的、自发的形态之下,而是作为支配一切自然之力的活动出现在生产过程里面"⑮。从马克思的有关论述中,李炳炎进一步将自主联合劳动的基本规定性归结为如下四个方面⑯:第一,社会性,指劳动的直接社会性,不是指需要社会化转换的个体劳动和私人劳动,而是生产资料公有制条件下,社会性得到充分体现并表现为劳动者的真正自由活动的联合劳动;第二,科学性,指劳动过程和劳动手段的高度科学性,具体指高度发达的科学技术以及科学技术与生产过程的结合,引起的劳动性质的改变;第三,主体性,指劳动行为的劳动者主导性,是自主劳动的本质要求,表现为生产过程中的劳动者支配生产资料为自身利益服务,即人统治物,而不是物统治人;第四,普遍性,指实现自主劳动的领域范围的广泛性,每个人都具有发挥自身创造性才能的机会和权利,人人都有将劳动作为生存手段和生活第一需要的权利。

社会性、科学性、主体性、普遍性是自主联合劳动的必要条件。当劳动同时具备四个条件时,其社会意义就发生了根本性的变化,一旦在直接形态之下的劳动不再是主要的财富源泉,劳动时间也就不能而且一定不能再作为财富的尺度,人的自由全面发展也就具备了实现基础。资本的统治,可以归结为物化劳动对活劳动的统治。社会主义生产资料公有制的建立,使得物化劳动独立化了,变成了劳动者对物化劳动的统治,即利用物化劳动为自己谋福利。所谓自主劳动,是劳动的发生由劳动者自主、劳动的成果为劳动者自有的一种社会劳动。它是对资本主义雇佣劳动的摒弃,是劳动的社会形式在社会主义社会的必然表现。

马克思认为,劳动的特殊社会形式决定生产方式的特殊性质。资本主义条件下"劳动作为雇佣劳动的形式对整个过程的面貌和生产本身的特殊方式有决定作用"[①],同样,作为雇佣劳动的对立物的自主联合劳动是社会主义条件下劳动的一种特殊社会形式,它决定了社会主义生产方式的性质和整个生产过程的面貌,可见,社会主义公有制经济改革的实质与方向在于建立自主联合劳动经济制度。

当前国企改制中出现的任意解雇职工、压低在职职工的工资水平和福利,侵吞历年形成的职工劳动收入积累;拖欠农民工工资现象;等等,从理论上分析,都是由于没有注意建立自主联合劳动制度,而使广大职工的生产中的主体地位、公有生产资料所有者的主人翁地位丧失,变成雇佣劳动者所致。注重建立和完善我国的自主联合劳动制度,其实质是社会主义生产关系自我完善并固化为经济制度。这是深化改革中应注重解决的重大问题。

联合起来的、拥有劳动力的劳动者,以企业所有者或部分所有者(在以劳动者以国资为本与非国资股东合资的企业)的身份,通过按国资平均雇佣利率和国资雇佣量向国家支付国资平均雇佣利息取得国资的使用权, 从而把国有资本同他们自己的劳动力结合起来。以这种工人集体雇佣国有资本的生产方式为基础的市场经济，称为劳动雇佣国资制度或工人雇佣国资经济体系，也叫作自主联合劳动经济制度。

可以从生产关系的基本构成要素来勾勒一下自主联合劳动经济制度的框架。在所有制问题上，以资本为代表的生产资料属于全社会公有，并由国家代表全体社会成员行使所有权。国家是实际上的所有者，也可以称为生产资料国有，劳动者是自身劳动能力的所有者。劳动者有权利按照自己的意愿支配自己的劳动力，自主联合劳动企业的整体所有权属于企业的全体劳动者，企业通过支付平均雇佣利率获得所需资本量的使用权。

在劳动关系问题上，企业的劳动者的地位是平等的，都是企业的所有者、主人，完全自愿地相互协作从事生产劳动。任何劳动者个人，可以在章程允许范围内随时选择离开某个企业，在获得接受时加入另一个企业。劳动者所从事的具体工作的差异纯粹是社会分工的差异，并在这种分工的前提下进行联合劳动。劳动者有权参与企业的决策，任何企业所占用的国资皆为企业中全体职工参与企业决策的基础，只是劳动者享有决策投票权的比例按照其对企业资本的所有程度而有所差异，但这并不能否定自主联合劳动经济制度下和谐的劳动关系。

在产品分配问题上，完全体现劳动者主导性，整个分配过程都以劳动者为核心。由于劳动者是企业的所有者，使实现按劳分配的必要条件得以满足，按劳分配成为自主联合劳动经济制度下的基本分配原则。企业典型的收入分配程序是：交纳诸类流转税、调节税等给政府，扣除各种生产资料耗费和劳务耗费，依平均国资雇佣利率和国资占用量向政府交纳雇佣利息，偿付到期贷款与利息。依条约规定向市场信用资本与内筹信用资本支付红利。经过上述扣除后的企业收入剩余形成企业劳动收入,之后向政府交纳劳动收入累进税,提留适当量的企业福利基金,然后,按有效劳动量在劳动者之间分配个人劳动收入。这就是企业净收入分享制。概括说来,自主联合劳动经济制度就是把企业的国家所有变成劳动者所有,使之成为由劳动者自己管理的、按平均利率向国家支付国资雇佣利息的、以劳动收入为目的的"民主企业",从而形成一个以这种劳动者所有的"民主企业"为基础的资本公有制市场经济。自主联合劳动经济制度用"劳动雇佣资本逻辑"代替了"资本雇佣劳动逻辑",不仅解决了产权清晰和政企分开问题,而且更好地解决了公有资本与市场经济的有效结合。

自主联合劳动经济制度的核心就是自主联合劳动如何雇佣资本问题,其根本路径在于"劳动者联合起来组成企业",即建立"劳动企业"。所谓劳动企业就是,若干劳动者按照公开、自愿、平等、互利等原则联合起来,组成的从事经营的独立法人主体,也称为"劳动者联合体""劳动者集体企业"。在资本经济制度下,资本雇佣劳动必须遵循等量资本获取等量利润的原则。同样,劳动雇佣资本也必须遵循两大原则,权利原则是等量利息雇佣等量资本,配置原则是等量信用资本雇佣国有资本。我们相信以自主联合劳动经济制度为实质与方向的社会主义公有制经济改革必将取得成功。

第二,职工参与企业管理,建立管理民主、科学的企业治理结构。

社会主义现代企业制度必须坚持以劳动为主导,这就区别于资本主导型的现代企业制度。资本主导型的现代企业制度是将职工排除在企业治理结构之外的。它仅仅将企业治理结构看成是相关出资、董事会和企业的经营管理层三方面之间的权力分配和制衡关系的一种制度安排。中国特色的现代企业制度必须使职工在各个方面都能够参与企业的管理,这样企业的管理会更加民主,更加科学,更加能够充分发挥劳动群众的创造性,显示社会主义制度的巨大优势。建立民主、科学的企业治理结构,可以从职工更广泛地参与企业的治理和更加注重职工以外的利益相关者两方面考虑。一是可以吸收"鞍钢宪法"中毛泽东提出的经济民主思想,二是借鉴西方国家职工参与公司治理制度中的有益部分,以此来建立和完善职工参与企业管理的机制,三是促使组成企业发展的各方利益相关者的平衡协调。

从制度上确立职工在企业治理中的主体地位。企业职工是社会主义事业的建设者,是社会的主人翁。因此,职工必须拥有参与对企业资产的所有、占有、使用、处分的权利,大多数的处于主人翁地位的职工能够直接影响企业的生产经营活动。职工的地位应该体现在企业的日常经营活动中,这样才能更好地发挥他们的巨大作用。这要从经济、法律制度上确保企业职工参与企业管理。

需要将企业职工入选董事会的比例以法律形式确立下来,要保证职工拥有足够的权利参与管理和决策。传统体制下,职工代表大会是职工参与企业管理、监督经营管理层的权力机构,是实施民主管理的基本形式。但是,国有企业推行现代企业制度以后,职工代表大会的基本权能已经为股东大会和监事会所取代,职工参与企业民主管理的体制实际上已经名存实亡。 自从在国有企业中推行现代企业制度以来,理论界一直期望职工代表入选董事会能依法融入我国的现代企业制度设计之中,然而事实却并非如此。

股份制试点时期的有关法规曾经明文规定,工人代表是法定的董事人选。但令人遗憾的是,我国公司法并没有全面地反映出职工参与制应作为一种制度安排加以确立这一世界性的发展潮流。2006 年新修订的公司法规定:"职工代表在监事会中的比例不得低于三分之一",国有独资公司中"董事会成员中应当有公司职工代表",而对于其他形式的股份公司仅规定"董事会成员中可以有公司职工代表"。从职工参与企业管理的角度, 我国公司法所设计的治理机构存在着两个主要问题：一方面，国有独资公司毕竟是极少数，对绝大多数公司制企业来说职工代表并不能进入董事会，不能参与企业的生产经营决策过程。另一方面，虽然国有独资公司的职工有权入选董事会，但并没有在职工董事人数和所占比例上做出硬性规定，职工参与管理会流于形式。

结论是显而易见的，必须完善现行的公司法，将职工代表进入董事会以法律形式确立下来。

首先，必须规定每个企业中必须要有职工代表进入董事会；其次，对于国有独资企业，必须要保证职工代表在董事会中的主导地位，提高职工代表在董事会成员中的比例；再次，在其他形式的企业中，职工代表所占比例要得以保证职工意志能对董事会决策发生作用；最后，把公司法中关于出资者委派董事与职代会民主推荐、民主推选职工代表，然后由董事会聘任经理的企业经营管理者产生方式结合起来。

需要创造良好的条件和环境。在管理上，企业要为职工参与自己切身利益密切相关的各项活动的直接民主管理创造有利的条件和环境；企业要加强对职工的思想政治教育和领导，通过岗位培训、企业文化建设和党组织建设等措施，提高职工的主人素质，强化主人意识，明确主人责任；在政治上，发扬社会主义民主，保证工人阶级、人民群众成为国家政治生活主人和社会生活主人地位的实现，为职工在企业当家做主创造良好的宏观环境。社会主义所有制的完善不能用经济私有化来解决，而只能用政治民主化来解决。

国有企业试建现代企业制度以来，在企业治理机构设计方面面临的一个难题就是如何协调"新三会"与"老三会"的关系。所谓"新三会"，是指股东会、董事会和监事会；"老三会"是传统企业组织制度中的党委会、职代会和工会。"新三会"是现代企业治理机构的主体框架，在创立现代企业制度过程中必须坚持；"老三会"是传统企业制度中的精髓,我国企业管理实践过程表明这种制度安排有许多长处,在现代企业制度构建过程中也不可废弃。

党委会要更多地把精力放在思想政治建设、组织建设上,为企业发展提供坚强的组织保证,不再直接干预企业的经营活动:一方面,加强思想政治建设,用先进理论武装头脑。通过组织职工学习、过民主生活会等形式,组织班子成员学习政治理论、现代企业经营管理等知识,用先进理念充实企业职工的头脑。另一方面,强化组织建设,增强职工的劳动积极性。发挥党员先锋模范作用,党员带头支持企业改革发展,积极为企业发展出谋划策,带领职工把企业的各项工作推向前进,为企业发展提供动力。企业党委还应积极参与重大决策,在企业建设和发展中较好地发挥政治核心作用,积极参与企业的生产经营、改革发展、人事管理等方面的重大决策,为企业的改革发展把关定向。

职代会的职能就是推举职工代表直接进入董事会。必须从法律上赋予职代会以直接选举职工董事的权力,这样才会使职代会与股东会并列成为企业的最高权力机构。从宏观上看,此举使得企业治理结构符合我国社会主义的国情;从微观上看,为职工参与企业民主管理提供了一个平台,协调了股东会、董事会和职代会、工会之间的关系。英国法学家戈沃指出:在现代企业内部真正与治理机构打交道的权益主体是企业职工,而不是股东,尽管从法律上看股东是企业资产的终极所有者,但是职工们为企业工作并在企业中度过他们大半生时光。这种情况,在中国国有企业中更是如此,不少国有企业的职工终身都在一个企业中工作。职代会过去作为职工参与企业管理、监督领导干部的权力机构,今后一定要加强它的作用,让职代会成为实施民主管理的基本形式。

工会组织需要摆脱过去那种完全依附于党组织的状况,要有一定的相对独立性。工会应明确自己的职责所在,全面履行各项社会职能,突出维护职工合法权益的职能。从工会组织的职责定位来看,维权是促进职工民主管理的前提和基础。现代企业制度条件下的工会组织,实际上就是一个代表职工利益的团体,就是要把维护职工权益放在首要位置。维护职工的合法权益,既包括职工工作环境的优化、工资待遇的改善、社会保障的到位,也包括工会会员深度参与职工民主管理和民主监督等方面。在维护职工合法权益时,还应从长远出发,协调好职工个人和企业之间的利益关系。

一般讲的"利益相关者",是指职工、客户、有稳定关系的上下游企业,如供应商以及债权人。从企业的长期发展角度来看,除了出资人、经营者和职工应参与企业的治理以外,其他的利益相关者以不同的资源对企业做出贡献,也应参与企业的治理。近些年来,国内对企业治理的研究和实践,更注重于对出资者、经营管理者和监督者之间的职责和权利的设计安排。这些安排使得企业治理成了企业内部各权力主体之间的博弈和游戏。

在2004年版《OECD公司治理准则》中,经济合作与发展组织对公司治理准则做了很大的修改。在这个修订版中,更加强调职工和债权人等作为利益相关者的权利。公司治理开始从更倾向公司内部的权利关系的授予、监控、制约安排,向注重内外部的各种利益相关因素的协调转变;从更倾向于公司高层的权力安排,向企业职工和债权者等原来忽略的因素倾斜。OECD 的苦心在于,在企业追逐利益的过程中,应当透过形式上的治理结构安排和切实的运作行为,让所有人看得到企业的社会责任和道德伦理之所在。[①]忽视利益相关者的要求,显然是不能适应现代企业发展趋势的,我们必须予以纠正。

现行的公司法对职工以外的其他利益相关者如何参与企业治理无任何规定。在这方面,应该完善相关法律法规,让其他利益相关者可以参与企业治理,用以保护他们的利益。比如,债权人、供应商和客户有权列席董事会会议,其他利益相关者有权获得相关的充分信息。加强监事会建设。利益相关者治理的本质是减少企业经营过程中的信息不对称,保护弱势利益相关者的利益。要达到这个目的,监事会功能的发挥至关重要。企业可以将债权人、客户代表引入监事会,改变监事会的来源主要是股东和职工的状况;引入独立监事,保证其超脱的身份和地位,发挥其专业监督职能;保证监事监督行动的独立性和自由性,监事在认为有必要的情况下,随时可以实施监督手段,不受董事和经营层的干扰;解决好独立董事与监事的功能分割与机制协调问题,以及公司监督权力资源有效分配问题,发挥独立董事和监事在监控功能上的互补性。

自从1889年国际利润分享协会在巴黎确定下来利润分享概念,不同形式的利润分享方案在多个发达国家经历了长时间的发展。在美国凯尔索设计的双因素理论推动下,职工持股计划等新的利润分享方式也在美国等发达国家实践了很长一段时间。威茨曼针对滞胀提出的分享经济理论,证实了劳动参与利润分配可给宏观经济带来积极的影响。但这些理论和实践都没有保证劳动者对于企业的直接管理权。很显然,李炳炎的理论包含内容更加全面,更加合理。没有完善的产权结构以及管理结构,分配制度是没有办法单独存在的。更重要的是,李炳炎的中国特色社会主义分享经济理论是来源于中国的具体国情,解决的是中国特有的问题,是具有中国特色的理论创新与实践探索。

六、中西方分享经济理论代表性观点的相同点

简要地比较一下李炳炎的公有制分享经济理论[①]与威茨曼的《分享经济》[②],这两种在完全不同的经济理论体系内,独立完成的理论创

造,存在很多重大的理论分歧,但它们还是拥有许多共同之处的。

第一,两种理论研究的直接原因是相似的,都是要为经济发展增添活力和动力。威茨曼认为滞胀使经济失去活力,其原因是固定工资制度使生产成本居高不下;李炳炎认为,建立正确合理的国家集体和个人之间的分配关系,有助于解决我国收入分配不平衡的问题,促进内需的发展,更好、更快地发展经济。

第二,两者的研究出发点是一致的,它们都从微观的企业行为出发,以分配领域为切入点,探寻增强经济动力的发动机。这与西方凯恩斯主义的国家调控手段不同,都有助于我国企业制度的完善。

第三,两种理论都以改善现行的经济刺激结构,建立新的动力刺激机制、新的微观经济基础为目标。

第四,两种理论都将改革的矛头对准僵化的工资制度,视其为经济发展动力不足的主要根源,认为它是一种与企业经营状况无关的制度。实际上,在威茨曼的理论中,将部分工资转化为分享利润的方式,就是把一部分原来划分为工资成本的工人收入,重新划分为公司利润。而李炳炎的理论则是将全部的工人收入都从成本中剔除,划分为公司利润。从将工人收入划为公司利润的角度来讲,这两种理论是类似的。

第五,两种理论都对劳动者在企业中的地位给予了相当的重视,并将其视为影响经济活力的最重要的因素。虽然威茨曼的理论缺乏产权安排,但是他从新古典经济分析方法的角度,从数理模型角度论证了劳动者拥有利润分享权的合理性,劳动者拥有利润的分享权可以给宏观经济带来积极的影响。而李炳炎的理论则从马克思主义经济学的角度,对于国家、集体和劳动者三方分享利润的理论根源和意义做了崭新而透彻的诠释,澄清了商品价值公式在社会主义条件下新的形式,赋予了劳动者对利润分享新的意义。两者在证明劳动者分享利润对经济发展有积极影响方面也是一致的。

第六,两种理论都把制定新的有效的财税政策作为新制度运行的保证,都强调了政府在确定分享比率和推行新制度方面所起的重要作用。在以美国次贷危机为导火索的全球金融危机背景下,政府应当在经济中承担什么样的责任,应当处于什么样的地位,世界各国正处于重新讨论的反思过程之中。可以看到的是,以往放任的措施,为经济发展带来的隐患。而在经济重整的过程中,从美国的情况来看,政府在对金融行业和汽车产业等重组计划中承担了至关重要的关键作用。同样,在威茨曼的理论中,固定工资变浮动利润的过程,增加了劳动者的风险,只有在企业持续经营效益良好的时候,才能保证劳动者的收入平稳。只有政府出台税收优惠政策才能保证实施利润分享的企业在竞争中获得优势,才能保证足够多的企业实施利润分享制度,从而使利润分享制度的积极宏观作用得以显现。同样的,在我国要实行净收入分成制、工人股份所有制公司等公有制分享经济,必须在得到政府的财政、政策和法律上的保障和支持。从实施的情况来看,国外在规范和立法方面显然捷足先行了。

七、小结

李炳炎的公有制分享经济理论,不论和威茨曼的分享经济理论相比,还是和德国共同决定制或是劳动管理型企业理论相比,最重要的特点是明确了劳动者的产权和控制权的结合。威茨曼的分享经济理论既没有涉及产权,也没有涉及控制权;德国共同决定制涉及了控制权的分享,却没有涉及产权;劳动管理型企业则明确表示,职工对于企业财产并不拥有完整的产权。而李炳炎的公有制分享经济理论对产权的明确安排,使得劳动者在控制权和受益权上的分享更加顺理成章。同时,可以看到,德国共同决定制、职工持股制等,西方各种控制权和受益权的分享制度,已经发展了一二百年。其中,存在很多合理部分。从客观上,威茨曼的理论说明了劳动者分享利润对宏观经济有积极的影响,共同决定制中肯定了职工参与控制权的合理性和可行性。这些都值得进一步的研究学习,用以创造适合我国的经济制度。

近期,在信息技术和互联网技术发展的背景下,分享经济理论又突破了生产者范围,将消费者也纳入分享主体范围,在循环经济基础上,发展为不同个人或组织对自然资源、在线资源、资金资源、不动产资源、人力资源、知识资源乃至产品和服务的分享。^⑩当前,经济发展进入新时代,建立在互联网基础上的分享经济获得了前所未有的发展,而分享经济也经历了一个不断变化的过程,突破了产权和分配维度,发展出更加符合数字化市场经济的广义社会主义分享经济理论。广义的社会主义分享经济理论,有助于宏观调控下公有制经济和非公有制经济的协同发展,促进社会主义市场经济的协调运行,贯彻创新、协调、绿色、开放、共享的新发展理念。

改革开放40多年来,中国经济创造了举世瞩目的奇迹。在新的历史时期,产生了不断创新的生产方式。在当前的科技和生产方式条件下,市场必须在资源配置中起决定性作用。同时,又要避免市场的负面效应。依靠西方新自由主义理论单方面强调市场的作用,会导致贫富分化和市场失灵,实践证明是行不通的。其原因是供需双方信息无法顺畅沟通。苏联的计划经济模式有很明显的缺点,虽然计划指令能够良好执行,但是人们的需求无法上行至计划制定者,供需信息无法双向沟通,也被历史证明是无法持续的。但是,我们应当辩证地看待苏联的社会主义实践,从其中找到优点和缺点。同时,国内、国外认同社会主义的学者都在不断探讨更合理有效的社会主义经济实现方式。

  我国应当从这些理论和模式中吸取优点,结合中国实际情况探讨适合自身特点的发展道路和模式。邓小平强调:"社会主义市场经济的优越性在哪里?就在四个坚持"[122],也就是坚持社会主义道路、坚持人民民主专政、坚持党的领导、坚持马克思主义。习近平总书记强调必须坚持"两个毫不动摇"的发展理念。因此,中国特色社会主义分享经济理论和模式脱颖而出,它可以更有效地双向传递供需双方的上行和下行信息,从理论和实践上协调多种所有制经济共同创新、协调发展,发挥中国特色社会主义的优势,为实现中华民族伟大复兴助力。

参考文献：

① 中共中央网络安全和信息话委员会办公室.习近平总书记论加快发展数字经济［EB/OL］.（2020-01-19）［2024-07-27］.http://www.cac.gov.cn/2020-01/19/c_1580982285394823.htm.

② 威茨曼.分享经济:用分享制代替工资制［M］.林青松,何家成,华生,译.北京:中国经济出版社,1986.

③ 李炳炎.李炳炎选集［M］.山西:山西经济出版社,1997:392.

④ 代明,姜寒,程磊.分享经济理论发展动态:纪念威茨曼《分享经济》出版30周年［J］.经济学动态,2014(7):106-114.

⑤ 中华人民共和国国家发展和改革委员会.国家发展改革委有关负责人就《关于促进分享经济发展的指导性意见》答记者问［EB/OL］.（2017-07-21）［2024-07-27］. https://www.ndrc.gov.cn/xwdt/xwfb/201707/t20170721_954589.html.

⑥ 同③.

⑦ 李炳炎.新成本论［M］.昆明:云南人民出版社,1987.

⑧ 李炳炎. 社本论［M］. 北京:人民出版社,2000.

⑨ 李炳炎,徐雷. 共享发展理念与中国特色社会主义分享经济理论［J］. 管理学刊,2017, 30 （04）:1-9.

⑩ DEVINE P,LAIBMAN D,and O'NEILL J. Participatory planning through negotiated coordination ［J］. Science & society, 2002, 66 （1）:72-93.

⑪ 席勒. 数字资本主义［M］. 南昌:江西人民出版社,2001:5.

⑫ FUCHS C. Digital labour and Karl Marx［M］. London: Routledge, 2013.

⑬ ZIZEK S. The relevance of the communist manifesto ［M］.

Cambridge: Polity Press, 2019.

⑭ ZUBOFF S. The age of surveillance capitalism: The fight for a human future at the new frontier of power[M]. New York: Public Affairs, 2019:19.

⑮ 马克思,恩格斯. 马克思恩格斯全集:卷13[G].北京:人民出版社,1962:15.

⑯ 马克思,恩格斯. 马克思恩格斯全集:卷13[G].北京:人民出版社,1962:16.

⑰ 马克思,恩格斯. 马克思恩格斯全集:卷13[G].北京:人民出版社,1962:88.

⑱ 夏莹.数字资本时代货币的幽灵化:与资本逻辑颠覆的可能性方式[J].江海学刊,2020(1),136-142.

⑲ 马克思,恩格斯. 马克思恩格斯全集:卷13[G].北京:人民出版社,1962:104.

⑳ 同注⑱.

㉑ 同注⑱.

㉒ 黄再胜. 数据的资本化与当代资本主义价值运动新特点[J].马克思主义研究,2020(6):124-135.

㉓ 习近平. 把握数字经济发展趋势和规律推动我国数字经济健康发展[N].人民日报,2021-10-20(1).

㉔ 国家市场监管总局.市场监管总局依法对阿里巴巴集团控股有限公司在中国境内网络零售平台服务市场实施"二选一"垄断行为作出行政处罚 [EB/OL].(2021-04-1)[2024-07-28]. https://www.samr.gov.cn/zt/qhfldzf/art/2021/art_a10f74fa09cd49ee8db7804ba834db2a.html.

㉕ 曹然, 王悦. 西方社交平台用户生成内容治理的困境与改革[J]. 国外社会科学前沿,2023(11): 55-70.

㉖ JARRETT K. Feminism, labour and digital media: The digital housewife[M]. New York: Routledge, 2016:4.

㉗ 富克斯. 数字资本主义和数字劳动力时代的资本主义、父权制、奴隶制和种族主义[J]. 王珍译.国外社会科学前沿,2020(9):73-94.

㉘ 闪捷信息安全与战略研究中心. 闪捷信息《2021年度数据泄漏态势分析报告》全景洞察数据安全[EB/OL].(2022-09-16)[2024-07-28]. http://www.secsmart.com/news/news_1270.html#p.

㉙ 李云舒. 数据安全关乎国家安全 [EB/OL].(2022-09-16)[2024-07-28]. https://www.ccdi.gov.cn/toutiaon/202107/t20210707_146609.html.

㉚ 夏妍娜,赵胜. 工业4.0:正在发生的未来[M]. 北京: 机械工业出版社,2015:147.

㉛ 同②.

㉜ 张泽荣. 当代资本主义分配关系研究[M]. 北京:经济科学出版社,1994:83.

㉝ WARD B. The firm in Illyria: Market syndicalism[J]. American Economic Review, 1958 (48): 566-89.

㉞ VANEK J. The general theory of labor-managed market economies [M]. Ithaca:Cornell University.

㉟ 马克思. 资本论:卷3[M]. 北京:人民出版社,1974:528.

㊱ 马克思,恩格斯. 马克思恩格斯文集:卷7[G]. 北京:人民出版社,2009:208.

㊲ 马克思. 资本论:卷3[M]. 北京:人民出版社,1974:500.

㊳ 马克思. 资本论:卷3[M]. 北京:人民出版社,1974:555.

㊴ 马克思,恩格斯. 马克思恩格斯全集:卷26第2册[G].北京:人民出版社,1973:596.

㊵ 马克思,恩格斯. 马克思恩格斯全集:卷26第2册[G].北京:人民出版社,1973:564.

㊶ 马克思,恩格斯. 马克思恩格斯全集:卷26第2册[G].北京:人民出版社,1973:562.

㊷ 马克思. 资本论:卷3[M]. 北京:人民出版社,1974.

㊸ 马克思,恩格斯. 马克思恩格斯全集:卷16[G].北京:人民出版社,1995:253.

㊹ 福山.历史的终结及最后之人[M]. 黄胜强,许铭原译.北京:中国社会科学出版社, 2003.

㊺ 马克思,恩格斯. 马克思恩格斯选集:卷1[G].北京: 人民出版社,1972:231.

㊻ 马克思,恩格斯. 马克思恩格斯全集:卷3[G].北京:人民出版社,1972:20.

㊼ 马克思,恩格斯. 马克思恩格斯选集:卷3[G]. 北京:人民出版社,1972:319.

㊽ 马克思. 资本论:卷3[M]. 北京:人民出版社,1975,926–927.

㊾ 马克思,恩格斯.马克思恩格斯全集:卷44[G]. 北京:人民出版社,2001:96.

㊿ 列宁. 列宁选集:卷4[G]. 北京: 人民出版社,1995:732.

51 列宁. 列宁选集:卷4[G]. 北京: 人民出版社,1995:783.

52 吴恩远. 苏联历史几个争论焦点的真相[M]. 北京:社会科学文献出版社,2013:25.

53 同52.

54 斯大林. 斯大林全集:卷13[M]. 北京:人民出版社,1956:38.

55 吴恩远. 苏联模式评析[J].文化软实力,2016(3):28–35.

56 祖金玉. 马克思主义中国化与中国政治现代化 [M]. 天津:开

开大学出版社,2014:127.

㊐ 马克思,恩格斯. 马克思恩格斯全集:卷21[G]. 北京:人民出版社,1965:570.

㊑ 侯晓东, 程恩富. 基于产权视角的平台经济反垄断治理研究[J].管理学刊,2021(2):10-20.

㊒ 程恩富. 反平台垄断本质上是实现财富全民共享之路[EB/OL].(2021-04-27)[2021-05-30]. http://www.kunlunce.com/ssjj/guojipinglun/2021-04-27/151920.html.

㊓ KOTZ D M. Socialism and capitalism: Lessons from the demise of state socialism in the Soviet Union and China[EB/OL].(1999-11-30)[2024-07-28].http://content.csbs.utah.edu/~mli/Economics%207004/Kotz-Lessons%20from%20the%20Demise%20of%20State%20Socialism.pdf.

㊔ KOTZ D M. Sustaining socialism: Lessons from the Soviet and Chinese experience [EB/OL]. (1998-03-30) [2024-07-28]. http://people.umass.edu/dmkotz/Sust_Soc_98.pdf.

㊕ 同注⑩.

㊖ TAYLOR F M. The guidance of production in a socialist state[J]. The American economic review,1929,19(1):1-8.

㊗ 习近平. 关于《中共中央关于坚持和完善中国特色社会主义制度,推进国家治理体系和治理能力现代化若干重大问题的决定》的说明[R/OL]. (2019-11-05)[2024-07-28]. http://www.qstheory.cn/zdwz/2019-11/05/c_1125196044.htm.

㊘ 同注⑩.

㊙ 史晨,马亮. 协同治理、技术创新与智慧防疫——基于"健康码"的案例研究[J]. 党政研究,2020(4):107-116.

㊚ 张露露. 数字化协商:协商系统理论视阈下的基层治理新形态

[J].地方治理研究,2023(3期):17.

⑱ 程恩富,王爱华.数字平台经济垄断的基本特征、内在逻辑与规制思路[J].南通大学学报(社会科学版),2022(5):1-10.

⑲ 吴文新,江永杰.以公有资本控股改革破解平台经济相关主体利益失衡难题[J].政治经济学研究,2022(3):94-109.

⑳ 同注㊽.

㉑ 同⑨.

㉒ 习近平.毫不动摇坚持我国基本经济制度推动各种所有制经济健康发展 [EB/OL].(2016-03-05)[2024-07-28]. https://www.gov.cn/xinwen/2016-03/09/content_5051083.htm.

㉓ 同⑨.

㉔ 刘交伟,刘敏.国企改革三年行动实施方案背景下我国国有企业治理体系与管理机制研究[J].品牌研究,2020(5):117-118.

㉕ 新华社. 打造国有科技型企业改革样板:"科改示范行动"启动 [EB/OL].(2020-04-09)[2024-07-28]. http://news.sina.com.cn/o/2020-04-09/doc-iircuyvh6746836.shtml.

㉖ 邓玲. 正确看待和坚持公有制为主体[N]. 人民日报,2016-4-29(7).

㉗ 白暴力,方凤玲.公有制经济是改革发展的中坚力量[J].支部建设,2019(08):9-11

㉘ 习近平. 在网络安全和信息化工作座谈会上的讲话[N]. 人民日报,2016-4-26(2).

㉙ 李光宇,张泽荣. 社会主义经济理论新探[M]. 北京:光明日报出版社,1987.

㉚ 叶正茂,洪远朋. 论共享利益与产权界定[J]. 经济学动态,2002(03):39-42.

㊦ 马克思,恩格斯. 马克思恩格斯全集:卷25[G].北京:人民出版社,1972:17.

㊧ 马克思,恩格斯. 马克思恩格斯全集:卷25[G].北京:人民出版社,1972:34.

㊨ 马克思,恩格斯. 马克思恩格斯全集:卷25[G].北京:人民出版社,1972:363.

㊩ 马克思,恩格斯. 马克思恩格斯全集:卷23[G].北京:人民出版社,1972:127.

㊪ 马克思,恩格斯. 马克思恩格斯全集:卷47[G]. 北京:人民出版社,1979:30.

㊫ 马克思,恩格斯. 马克思恩格斯全集:卷26第一册[G]. 北京:人民出版社,1972:53.

㊬ 马克思,恩格斯. 马克思恩格斯全集:卷3[G]. 北京:人民出版社,1960:76.

㊭ 马克思,恩格斯. 马克思恩格斯全集:卷20[G]. 北京:人民出版社,1971:319.

㊮ 马克思,恩格斯. 马克思恩格斯全集:卷26第二册[G]. 北京:人民出版社,1973:661.

㊯ 马克思,恩格斯. 马克思恩格斯全集:卷23[G]. 北京:人民出版社,1972:88.

㊰ 卓炯. 社会主义商品经济[M]. 广州:广东人民出版社,1981.

㊱ 马克思,恩格斯. 马克思恩格斯全集:卷25[G]. 北京:人民出版社,1972:97.

㊲ 李炳炎. 公有制分享经济理论[M]. 北京:中国社会科学出版社,2004:186.

㊳ 同㊲187.

㊌ 同⑧216.

㊐ 同㊓195.

㊔ 凯尔索. 民主与经济力量——通过双因素经济开展雇员持股计划革[[M]. 南京:南京大学出版社,1986.

㊕ 李炳炎. 李炳炎选集[M]. 山西:山西经济出版社, 1997.

㊖ 同②.

⑩ 姚海明. 评威茨曼的分享经济制度 [J]. 南京政治学院学报, 1991:5.

⑩ MATTHEWA D. The British experience of profit-sharing[J]. The economic history review,1989, 42(4): 439-464.

⑩ 马克思. 资本论:卷3[M]. 北京:人民出版社,1974:499.

⑩ WEITAMAN M L. Steady state unemployment under profit-sharing[J]. Economic journal, 1987, 97(385): 86-105.

⑩ JACKMAN R. Profit-sharing in a unionsed economy with imperfect competition [J]. International journal of industrial organization, 1988, 6(1): 47-57.

⑩ 牛政科. 西方分享经济理论演进 [D]. 北京: 中央财经大学, 2008.

⑩ 李炳炎,刘变叶."滞涨":中国经济面临的新难题及其破解对策[J]. 经济学家, 2009(3):5-17.

⑩ 同㉜.

⑩ 马克思,恩格斯.马克思恩格斯全集:卷2[G].北京:人民出版社,1965: 99.

⑩ 陈国恒. 国有产权制度改革研究[M]. 北京:中国社会科学出版社,2004 : 297-307.

⑩ 李炳炎,唐思航. 重新审视我国现行现代企业制度[J]. 马克思

主研究,2007(1): 28-35.

⑪ 马克思,恩格斯.马克思恩格斯全集:卷23[G].北京:人民出版社,1972:634.

⑫ 同⑪.

⑬ 同⑪.

⑭ 唐恒照、朱必祥.论国有公司职工主人地位制度设计问题[J].南京理工大学学报(社会科学版),1999(6):63-67.

⑮ 马克思.政治经济学批判大纲(草稿):卷3[M].北京:人民出版社,1957:250.

⑯ 同⑧192.

⑰ 马克思,恩格斯.马克思恩格斯全集:卷25[G].北京:人民出版社,1972:997.

⑱ 陆一.启动社会良知对资本权力的制约——简评2004版《OECD 公司治理准则》[J].证券市场报,2004(11):28-33.

⑲ 同⑨.

⑳ 同②.

㉑ 同④.

㉒ 冷溶,汪作玲.邓小平年谱(1975—1997)[M].北京:中央文献出版社,2004:1363.